El Tren del Laicismo

El Tren del Laicismo

Recorrido de quiebres del Estado Laico

EDUARDO QUIROZ SALINAS

Diseño por Juan Pablo Cornejo.
Instagram: @jotape007

Número de Control de la Biblioteca del Congreso de EE. UU.: 2020915260

ISBN:	Tapa Dura	978-1-5065-3361-2
	Tapa Blanda	978-1-5065-3363-6
	Libro Electrónico	978-1-5065-3362-9

Información de la imprenta disponible en la última página.

Fecha de revisión: 13/08/2020

Para realizar pedidos de este libro, contacte con:
Palibrio
1663 Liberty Drive
Suite 200
Bloomington, IN 47403
Gratis desde EE. UU. al 877.407.5847
Gratis desde México al 01.800.288.2243
Gratis desde España al 900.866.949
Desde otro país al +1.812.671.9757
Fax: 01.812.355.1576
ventas@palibrio.com
818290

Índice

Prefacio

Nunca estuvo planeado, aunque si deseado y la subida por la curva de una pandemia aceleró su curso, pero la historia de este libro se remonta a inicios del 2014, más de seis años atrás, cuando fui invitado, de alguna manera, a participar de la redacción de artículos para una revista de corte laicista y librepensador. Y no cualquiera, sino la más importante de Latinoamérica y leída hasta en Europa, principalmente España y Francia, países con los que luego, tras años de trabajo y habiendo llegado al comité editorial de la revista, me enteré había constante cooperación. No diré fueron sino son -porque espero que el futuro traiga muchos más-, hasta ahora veinte y cinco artículos los escritos, sin contar entrevistas realizadas, los que compartiré parcialmente con ustedes, los lectores, en esta edición, con las modificaciones necesarias tanto en actualización de datos como en formato, transformados en capítulos.

Ha sido un extenso viaje, aunque en tiempo se me ha hecho corto y no me he dado cuenta de ello sino hasta ahora, cuando un sexenio después tomé un respiro y puse la mirada en el retrovisor que llevo en la locomotora. Veintidós vagones trae este Tren del Laicismo y el librepensamiento que se pasea por las estaciones de la realidad misma, principalmente de Chile, aunque con pequeñas escalas en estaciones de nuestra Latinoamérica y del mundo.

El viaje inicia con un desigual debate en un medio de circulación diaria con un presbítero asiduo a las cartas y contrario al laicismo, pasa por los bosques de elecciones democráticas y sus entretelones, por las colinas de procesos judiciales, contingencias nacionales e internacionales y otros parajes no clasificados. Suben y bajan de sus vagones filósofos, laicistas, políticos, mandamases y miembros menores de algunas religiones de turno, escritores, demócratas y dictadores y, cómo no, pequeños guiños a las tecnologías, que dicho sea de paso, son el carbón de esta máquina que termina su primer viaje en la estación de la pandemia del COVID-19.

La invitación a subirse al laicismo es, además, paradójica, pues, sinceramente, no me gusta tener que escribir de ello y mi anhelo más profundo es que tanto la revista como libros al respecto dejen de ser necesarios, como ya no lo son los que explican que los fenómenos meteorológicos y/o terrestres tienen una justificación basada en las leyes físicas y naturales y no son capricho ni causa/efecto de seres imaginarios, supraterrenales o castigos por nuestras "malas" acciones o por no haber realizado el/los sacrificio(s) correspondiente(s). Naturaleza simple y las leyes que la sostienen. Nada más. Sin embargo, la realidad, que en la totalidad de las veces que me ha tocado experimentar, supera por lejos la ficción y en pleno cuarto del siglo XXI, con una ingente e inédita cantidad y posibilidad de información al alcance, literalmente, de un clic, aún gran parte de la sociedad sostiene no sólo creencias de todo tipo, sino que ellas traspasan el delicado límite de la individualidad y se involucran en las vidas del resto de la población mundial que, con toda seguridad, tiene las propias y en no pocas ocasiones diametralmente opuestas. Ahora bien, si esta anomalía se presentara sólo en quienes no ostentamos poder alguno, quizá no pasaría de un entretenido debate alrededor de algún ágape. No obstante, este vicio llega a quienes practican el poder legislativo, judicial e incluso ejecutivo de los países demócratas y sus efectos tienen como víctimas a la libertad de las personas y nos terminan imponiendo dogmas que no queremos, en los que no creemos y que sólo aportan cadenas innecesarias a nuestras vidas y al pensamiento y la razón. Ello imposibilita el deseo de no tener que dedicar tiempo ni líneas para justificar la necesidad de la libertad y que tanto los ciudadanos votantes como sus votados tengamos la claridad y lucidez necesarias para entender que todas y cada una de las creencias y ausencia de ellas son válidas y están circunscritas, para el pesar de las instituciones que lucran con su presencia y que se ven favorecidas con la ausencia del laicismo, al más íntimo de los espacios como lo es la individualidad.

No son pocos los textos y tratados sobre laicismo y librepensamiento que pueden ser incluidos en una biblioteca temática y sus precursores de cuatro o más siglos debiesen estar decepcionados de nosotros por tener que sumar hoy uno más a sabiendas que no será tampoco el último. Por lo mismo, pretendí que esta mirada laicista y librepensadora fuera algo menos académica y más cercana a la realidad, tal que los ejemplos reales que este tren carga sobre sus ruedas les sean cercanos, reconocibles y sea posible a quienquiera tome esta obra en sus manos pueda entender cómo, cuándo y cuáles son los efectos de esos episodios que ultrajan las bases de un Estado Laico, del laicismo y a fin de cuenta, nuestra propia libertad.

¡Partió el tren!

Prólogo

Por Rogelio Rodríguez Muñoz

Un interesante viaje nos propone Eduardo Quiroz. Estimulante, además, porque junto a la añoranza de esos traqueteados viajes que hacíamos en tren (por lo menos, en mi caso, yo relaciono más este viaje con el zangoloteo en los viejos ferrocarriles de mi país que con la placidez monótona de los trenes rápidos de Europa) él nos propone un recorrido de la mano de un tema destacadamente importante y terriblemente zarandeado.

Comienza el libro, fíjense ustedes, con una polémica. Pareciera, pues, que cuando se trata sobre el laicismo este tratamiento está enmarcado o dice relación con debates, discusiones, cruces de fuertes y severas argumentaciones. La polémica de la "primera estación" surge en torno a la distinción entre laicismo positivo y laicismo negativo. Esta distinción, por cierto, nunca la manejará un laicista; es un recurso, un artefacto lingüístico, empleado por los que se oponen al laicismo.

La distinción "laicismo positivo–laicismo negativo" (también se emplea "sano laicismo–laicismo agresivo") se asemeja a otra dicotomía manejada también por demagogos y retóricos: crítica constructiva versus crítica destructiva. "Crítica constructiva" es un oxímoron. La crítica destruye lo erróneo, lo falso, lo injusto, lo criticable en suma. Cuando alguien pide crítica constructiva y se parapeta contra la crítica destructiva, lo que hace en verdad es aceptar solo alabanzas y rechazar toda crítica genuina. Cuando el dogmático solicita que le traigan todos los laicistas que quieran siempre que sean defensores de un laicismo positivo, lo que hace de verdad es advertir que no se le acerque ni siquiera la milésima parte de un laicista.

Para un credo, para un conjunto de dogmas religiosos, el laicismo siempre será negativo. El laicismo no comulga (nunca mejor dicho) con "verdades" reveladas, aceptadas sin prueba, que se quieran imponer a toda la ciudadanía. Pero ello no significa que sea agresivo. Son las iglesias las agresivas cuando extienden sus tentáculos para atraer a sus filas a la mayor cantidad de personas, comenzando por su más tierna edad. Agresivos son los católicos cuando se inmiscuyen en los asuntos públicos de un país intentando que se condenen como delitos lo que para ellos son pecados, es decir, intentando evitar que toda la población haga lo que ellos, por su pertenencia a una doctrina, creen que no se debe hacer. Agresivos son los cristianos evangélicos cuando, con toda su prole a cuestas, pasan casa por casa buscando prosélitos supuestamente cumpliendo una misión impuesta por su divinidad. Agresivos –¡y a qué extremo!– son los islamitas que no vacilan en matar o morir en nombre de Alá.

Un laicista, argumentando desde la razón, no busca adeptos. Aboga porque, en una sociedad, todos los ciudadanos puedan vivir juntos y armónicamente: los que adoptan tradiciones religiosas diferentes y los que no poseen religión ninguna.

Para que esto sea posible, el laicista también advierte que se debe aceptar lo siguiente:

1) Que en muchos conflictos sociales la religión juega un papel preponderante.

2) Que, en estas situaciones, la religión no tiene privilegios especiales y debe ser denunciada y condenada como cualquiera otra institución responsable de un conflicto.

3) Que todo ciudadano es libre de elegir lo que desee creer o no creer en relación a su vida espiritual y que, por ello, no debe ser discriminado ni social, ni laboral, ni política ni culturalmente.

4) Que ninguna religión debe ser pasible de un trato superior por el Estado en desmedro de otras. Y que, como instituciones privadas

que son, las iglesias no deben recibir en ningún caso y para ninguna obra recursos del Estado.

5) Que, en el terreno de la moral, la religión tampoco tiene el monopolio de su tutela. La moral, en el caso de los creyentes, es casi siempre una moral heterónoma. El laicismo propugna la moral autónoma, la sacralidad de una dignidad del ser humano exclusivamente por su condición humana. Lo sacrosanto, para el laicismo, es el ser humano y sus derechos fundamentales que siempre deben respetarse.

En fin, estas son algunas de las connotaciones del laicismo. Pueden servir de equipaje para el viaje con que nos seduce Eduardo Quiroz. El Tren del Laicismo: cautivante analogía que, queramos o no, va a motivar nuestras reflexiones al recorrer en sus páginas un territorio que nos compromete hondamente como ciudadanos. Porque en el horizonte del paisaje que iremos apreciando en esta travesía se encuentra la idea de sociedad que esperamos construir.

Rogelio Rodríguez Muñoz es Licenciado en Filosofía por la Universidad de Chile y Magíster en Educación por la Universidad de Chile.

Es autor de varios libros en el área de la Comunicación y la Filosofía:

- Comunicación Activa.
- Los mensajes del cuerpo.
- Creatividad y Trabajo en Equipo.
- Miradas sobre la filosofía de Juan Rivano (coautor).

Controversia sobre el Laicismo en Cartas al Director del diario La Tercera

Estación enero 2014

Reseña por Manuel Romo

En la sección de Cartas al Director del diario La Tercera, durante los días de las fiestas de fin de año del 2013, se publicó un interesante intercambio de cartas, entre el presbítero Francisco Javier Astaburuaga Ossa, y dos laicistas, que nos parece interesante de reponer.

El debate comenzó con una carta de Astaburuaga, que puso de manifiesto sus ideas contrarias al laicismo, por considerar que este sería hostil a las religiones y a las convicciones de sus fieles.

Precisando los conceptos utilizados por el presbítero, Eduardo Quiroz Salinas y Sebastián Jans definieron con claridad las ideas del pensamiento laico, advirtiendo de los peligros de la religión cuando pretende extenderse más allá de lo que corresponde a sus fueros.

La Carta de Astaburuaga

El día 23 de diciembre, el diario La Tercera publicaba una carta al director del presbítero Astaburuaga Ossa, bajo el título de **¿Estado laico?**, en la que expresaba:

"En la construcción de la sociedad se confunde "laicidad", propia de un Estado laico, con "laicismo". Ambos conceptos no son lo mismo. La

laicidad manifiesta el mutuo respeto y autonomía entre las confesiones y los poderes del Estado.

El laicismo, por el contrario, significa una hostilidad o indiferencia contra la religión, cualquiera que sea. Así, al hablar de laicidad en su sentido excluyente y equívoco se expresa una visión no creyente de la vida en el pensamiento, la ciencia, la ética y la política, confundiendo a la sociedad y presentándose como el emblema fundamental de la posmodernidad.

Lo anterior no deja indiferente, ya que el Estado laico respeta la confesionalidad independiente de su origen.

Pero el Estado laicista no, excluyendo la dimensión creyente de la educación, la familia, el trabajo, la salud, etc.

De tal manera que el derecho a la vida, el matrimonio entre un hombre y una mujer, la muerte natural y otros aspectos de la agenda valórica quedan borrados de plano.

En conclusión, se presenta una disyuntiva falsa: ¿aceptar la realidad o ignorarla? La respuesta no resuelve el problema. Al contrario, juega entre supuestos presentados como absolutos y excluyentes.

Pero la vida nos muestra que con la razón y también con la fe el hombre es capaz de responder al desarrollo de la persona y la sociedad de manera integral.

Una visión humanista y cristiana permite una sociedad respetuosa de los derechos humanos y de las libertades fundamentales, donde el Estado cumple su rol, pero no de manera totalitaria como ocurre en algunos gobiernos de A. Latina y el mundo".

La Carta de Eduardo Quiroz

Al día siguiente, el diario publicaba una réplica de Eduardo Quiroz Salinas, en Cartas al Director, esta vez bajo el título de **Estado laico,** en los siguientes términos:

"La RAE es muy clara en su definición de laicismo: 'Doctrina que defiende la independencia del hombre o de la sociedad, y más particularmente del Estado, respecto de cualquier organización o confesión religiosa'.

Esto deja claro que el laicismo no busca, bajo ningún punto de vista, atacar a una religión en particular ni a sus fieles. De hecho, el respeto por la confesionalidad siempre ha estado y estará, en cuanto es parte de las libertades de conciencia y pensamiento que se buscan.

Al contrario de la visión absolutista que pretende difundir Francisco Javier Astaburuaga, el esfuerzo laicista está dirigido justamente a la búsqueda de una sociedad pluralista, donde ninguna doctrina pueda ser impuesta.

Más aun, la acción laicista ni siquiera está dirigida al clero, sus doctrinas ni sus representantes, sino hacia los poderes políticos y económicos que son los que, en rigor, norman la sociedad. Es en esas instancias donde el acento debe estar, pues cuando la religión, mayoritariamente cristiana en este lado del planeta, se introduce en estos asuntos es cuando se falta el respeto a la libertad y la conciencia humana, imponiendo sesgadas y extemporáneas visiones del rol del hombre en la Tierra, además de arrogarse la propiedad de ciertos valores.

Como sociedad, ayer se avanzó en la abolición de la esclavitud, el respeto a la mujer y otros derechos menospreciados por la Biblia Cristiana. Hoy es tiempo de continuar ese avance en pos de una sociedad más justa, respetuosa de la conciencia individual del hombre y su diversidad".

La Carta de Sebastián Jans

En tanto, el 27 diciembre, una nueva carta al Director era publicada, también bajo el título de **Estado laico**, con la firma de Sebastián Jans, miembro fundador del Comité Editorial de Iniciativa Laicista, quien expresaría:

"En la edición del 23 de diciembre, Fco. Javier Astaburuaga expone una caprichosa definición conceptual de laicidad.

En realidad, el vocablo "laicidad" se refiere a una cualidad que emana del carácter laico de un proceso, de una institucionalidad, de un ambiente o de una sociedad.

Como todo sustantivo abstracto, la laicidad es una cualidad que se logra sobre la base de percepciones y sensaciones. Puede existir un Estado laico, por ejemplo, pero la percepción o la sensación de las personas es que no hay una condición efectiva de laicidad. Es lo que ocurre en Chile, donde hay un Estado laico nominal, pero no hay laicidad en su ambiente institucional.

La definición que hace Astaburuaga es sesgada, ya que la laicidad no se refiere sólo al respeto mutuo y a la autonomía entre las confesiones y los poderes del Estado, dado que no se trata de una relación entre iguales, sino de una cualidad sistémica donde el Estado prescinde de toda creencia o afirmación confesional en su marco constituyente, legal e institucional. Así, la laicidad como tal se alcanza cuando todas las creencias y las no creencias reconocen que el Estado es neutral respecto de las afirmaciones que cada cual hace sobre las explicaciones del existir humano, su origen y su destino ulterior.

Y el sesgo se hace presente nuevamente cuando define de manera muy tendenciosa al laicismo. Lo concreto es que hace tiempo se entiende al laicismo como una doctrina que propende a la independencia de la sociedad y del Estado respecto de cualquier pretensión de hegemonía confesional.

El laicismo como doctrina no tiene una posición hostil hacia el hecho religioso, ni contra principio religioso alguno, que es parte del derecho de conciencia de toda persona. A lo que se opone es al confesionalismo; es decir, a la conducta o acción que busca la imposición totalizante de una fe sobre una sociedad y sobre las estructuras del Estado.

Si analizamos la realidad de la sociedad chilena y su institucionalidad llegaremos a la conclusión de que estamos muy lejos de una condición palpable de laicidad. Por el contrario, y sin esfuerzo, llegaremos a un diagnóstico de atosigante confesionalidad".

La contrarréplica del presbítero

El 28 de diciembre, el periódico acogió la contrarréplica de Francisco Javier Astaburuaga, quien señalaba:

"Con respecto a las afirmaciones de Eduardo Quiroz y Sebastián Jans, en cartas publicadas recientemente en su diario, cabe señalar lo siguiente.

El término laicismo puede hacer referencia a dos conceptos: laicismo positivo y negativo. Positivo es aquel que entiende la separación de la Iglesia y el Estado respetando el ámbito de sus propias atribuciones. Generando, asimismo, espacios de mutua cooperación con miras a la construcción del bien común como fin último del ejercicio de los derechos humanos.

En este sentido pueden calzar perfectamente las definiciones propuestas por ambos lectores. Es lo que en la doctrina social de la Iglesia se conoce como sana laicidad o laicismo positivo. Sin embargo, existe también el llamado laicismo negativo, donde se discrimina y no se permite a las confesiones religiosas, particularmente a la Iglesia Católica, expresar su fe y aportar para la construcción de la sociedad.

A este concepto me he referido en mi texto tan discutido por mis contradictores. Es de esperar, y en esto podemos coincidir, que todos podamos colaborar manifestando nuestras propias convicciones en el pleno ejercicio de la libertad de conciencia para el bien común de nuestra patria".

Epílogo

En días siguientes, La Tercera no acogió la refutación a la contrarréplica de Astaburuaga, y sus conceptos de laicismo positivo y laicismo negativo, enviada por Sebastián Jans y Eduardo Quiroz.

Agrego en este capítulo las cartas de contrarréplica de mi parte que no fue publicada, al igual que de Sebastián Jans, aunque esa no está incluida acá.

28/12/2013

Señor Director

Que distintos los tonos de ambas cartas de Astaburuaga a este respecto. El beligerante contra el laicismo en la primera directo a uno más de consenso en la segunda. Al menos en ella coincidimos en ese punto, la importancia de que ninguna religión tenga impedimento de celebrar sus ritos y hablar a sus fieles, así como la necesidad de que el estado chileno, sus políticos y actores relevantes prescindan de ellos al momento de legislar y gobernar, evitando con ello la discriminación y la segregación.

Es por lo mismo que desde el punto de vista de la sensatez y la no discriminación, los estados, no solo de Chile, tienen por obligación y respeto, llevar adelante sus agendas en el marco de un completo laicismo prescindiendo de todas y cada una de las confesiones en su gobernar, pues lo hacen para un país completo con visiones y opiniones muy diversas a ese respecto y todas respetables cuando se dan en el fuero personal y privado. Enmarcar sus actos en algún credo en particular sólo viola el principio de la igualdad en el respeto al resto.

Eduardo Quiroz Salinas

Camus Librepensador y Laicista

Estación Marzo 2014

El pasado 7 de noviembre de 2013 se cumplieron 100 años del nacimiento del escritor, ensayista, dramaturgo, periodista y filósofo franco argelino Albert Camus Sintes, calificado de existencialista por algunos, aunque él personalmente negó siempre pertenecer a dicha corriente de pensamiento. Nació en Argelia, pero su familia eran colonos franceses o "Pied Noirs".

Albert fue siempre crítico de los dogmáticos y de la violencia, sea cual fuere su origen o causa, al punto de prescindir de las revoluciones de su Argelia en busca de la independencia. "*En este momento se arrojan bombas contra los tranvías de Argel. Mi madre puede hallarse en uno de esos tranvías. Si eso es la justicia, prefiero a mi madre*", fue su respuesta a la interrogante efectuada por un estudiante que abogaba por la "justa" Revolución Argelina.

Casi no conoció a su padre, pues éste falleció cuando Albert tenía poco más de un año de vida, como soldado en la Primera Guerra Mundial, el año 1914 en la Batalla de Marne, Francia. Pese a ello, le acompañó siempre el recuerdo de una anécdota, que encontraba a Lucien en una ejecución pública asqueado de la escena, pese a que en primera instancia apoyó la medida contra el condenado asesino de una familia que incluía menores.

A los 17 años de edad comienza su tuberculosis, que le acompañará el resto de su fecunda vida, mientras cursaba sus primeros estudios de filosofía en la Universidad de Argel, los cuales no logró terminar por dicha causa.

Su obra comienza el año 1935 cuando empieza a escribir *El Revés y el Derecho* a la par de su afiliación al Partido Comunista, en su visión antifascista, anticolonialista y antiimperialista que, para Camus, son un todo. "*El fascismo no es más que la expresión definitiva del capitalismo acorralado*". La obra se publica en 1937, con Camus ya fuera del partido y separado también de su primera mujer, tras 2 años de matrimonio.

En 1936 fundó su primera compañía de teatro donde adaptó numerosas obras de Malraux, Gorki, Dostoievski, entre otros, y a los dos años siguientes comienza su vida de periodista en el *Alger-Republicain*, para continuar luego en varios otros medios como *Paris-Soir* y *Combat*, y con distintas funciones y cargos. En 1939 publica su ensayo *Bodas*. El año 1942 publica su novela *El Extranjero* y su ensayo *El Mito de Sísifo* que le valen excelentes críticas y le tornan conocido, comenzando su amistad con el reconocido filósofo Jean Paul Sartre.

En 1944 aparecen sus obras de teatro *Calígula* y *El Malentendido*. Tres años más tarde publica su novela *La Peste*. Un año más tarde hace entrega de su ensayo *Cartas a un Amigo Alemán* y de su obra de teatro *Estado de Sitio*, a los que les siguen su pieza teatral *Los Justos* en 1950 y el ensayo *El Hombre Rebelde*, un año después. Cierran su bibliografía *El Verano*, *Reflexiones sobre la Guillotina*, sus novelas *La Caída*, *El Exilio y el Reino* y su obra de teatro póstuma *Los Posesos*.

En dicho intervalo, se casa nuevamente, esta vez con Francine Faure, y tiene dos hijos: Catherine y Jean. Es distinguido con el Premio Nobel de Literatura en 1957. El 4 de enero de 1960 muere en un absurdo accidente automovilístico, aunque en palabras de su doctor "con sus pulmones demasiado dañados Camus no habría llegado a viejo".

Humanista a toda prueba

La vida de Camus estuvo marcada por su humanismo y laicismo, los que reflejó no sólo en su extensa producción intelectual recién mencionada, sino consecuentemente con su pensar y su actuar. En sus propias palabras, tal como él utilizaba sus personajes para expresarse, develaremos el carácter de este autor, con motivo de extraer de sus citas la enseñanza que su legado deja.

Rebelde a lo que acontecía en su entorno - léase Segunda Guerra Mundial, alza del fascismo y nazismo, guerrillas independentistas en África, etc. -, colocó al hombre siempre en primer lugar y guió sus conductas en ese ámbito. "*Cada vez que un hombre en el mundo es encadenado, nosotros estamos encadenados a él. La libertad debe ser para todos o para nadie*". ¿Cómo no va a ser digna de ejecución esa frase tan célebre de Camus? Qué contemporánea además, hoy donde las cadenas se representan de múltiples formas, pero con el mismo efecto: supresión de libertad al hombre.

Del mismo modo, a través de *La Peste*, nos regala este sabio consejo: "*El modo más cómodo de conocer una ciudad es averiguar cómo se trabaja en ella, cómo se ama y cómo se muere*" y de paso, una reflexión: "*Si es cierto que los hombres se empeñan en proponerse ejemplos y modelos que llaman héroes, y si es absolutamente necesario que haya un héroe en esta historia, el cronista propone justamente a este héroe insignificante y borroso que no tenía más que un poco de bondad en el corazón y un ideal aparentemente ridículo. Esto dará a la verdad lo que le pertenece, a la suma de dos y dos el total de cuatro, y al heroísmo el lugar secundario que debe ocupar inmediatamente después y nunca antes de la generosa exigencia de la felicidad. Esto dará también a esta crónica su verdadero carácter, que debe ser el de un relato hecho con buenos sentimientos, es decir, con sentimientos que no son ni ostensiblemente malos, ni exaltan a la manera torpe de un espectáculo*", en clara alusión a las religiones imperantes.

Embelesado y convencido - "*Hay más cosas de admirar en el humano que de despreciar*" - no sujeta al hombre al precepto eclesiástico, mostrando su lado más ateo-humanista: "*No se puede disertar sobre la moral. He visto a personas obrar mal con mucha moral y compruebo todos los días que la honradez no necesita reglas. El hombre absurdo no puede admitir sino una moral, la que no se separa de Dios, la que se dicta. Pero vive justamente fuera de ese Dios. En cuanto a las otras (e incluyo también al inmoralismo), el hombre absurdo no ve en ellas sino justificaciones, y no tiene nada que justificar. Parto aquí del principio de su inocencia"*, párrafo extraído de *El Mito de Sísifo.*

"Lo importante – dijo Castel – no es que esta manera de razonar sea o no buena, lo importante es que obligue a reflexionar", señala a su vez en *La Peste*, en concordancia con el espíritu de los postulados del laicismo, defensor de la libertad y promotor de la reflexión, del uso de la razón en un marco de tolerancia.

Sumado a la anécdota en que, según sus biógrafos y acorde a su aversión a los honores, estuvo a punto de rechazar el Premio Nobel cuando le fue otorgado, pues consideraba que su amigo Malraux "lo merecía mucho más", nos demuestra su rebeldía ante el fácil camino de la fama y la idolatría: *"Después de los fracasos no hay nada más peligroso que el éxito"*, respondía en una entrevista en plena entrega del Nobel reforzada hoy por otra de sus frases célebres *"No camines delante de mí, puede que no te siga. No camines detrás de mí, puede que no te guíe. Camina junto a mí y sé mi amigo"*.

Pasada por Chile

Albert Camus recorrió tierras chilenas en su gira latinoamericana el año 1949, donde alabó nuestra geografía que le hizo sentirse reconfortado con lo que llamó la ternura de los volcanes, aunque a la vez se vio sorprendido por la Ley de Defensa de la Democracia, de González Videla, que prohibió al Partido Comunista o Partido Progresista Nacional y les despojó de sus cargos públicos en ese entonces, y por la protesta denominada en su minuto "el chauchazo" que incluyó quema de buses y enfrentamiento entre Carabineros y manifestantes contrarios al alza de 20 centavos en el pasaje. Su periplo nos regaló su visita durante 5 días en agosto, donde realizó conferencias en la Universidad de Chile y en el Instituto Chileno-Francés de Cultura, entrevistas en radio y periódicos y coloquios con estudiantes, literatos y filósofos. *"Me hallo bien en Chile y podría vivir aquí un tiempo, en otras circunstancias"*.

Hijos de la carencia

Negado a la posibilidad de la "vida eterna" predicada en algunas religiones monoteístas, equilibra lúcidamente la disyuntiva del mundo actual en su pregunta planteada en *La Peste*: "*¿Quién podría afirmar que una eternidad de dicha puede compensar un instante de dolor humano?*". La historia del hombre nos ha plagado de ejemplos al respecto donde, religión mediante, se han cometido atrocidades de todas las magnitudes posibles. ¿No es acaso una invitación perfecta a la reflexión al respecto? Y no solo a la meditación, sino al hecho: "*Llega siempre un tiempo en que hay que elegir entre la contemplación y la acción*".

"*Seguramente Dios no existe, porque si existiese los curas no serían necesarios*", manifestaba Camus a través de uno de sus personajes en el mismo libro, en explícito llamado a reflexionar sobre la importancia de un humanismo prescindiendo de la religión. Remarcado esto en el diálogo entre Paneloux y Rieux: "*Hermanos míos –dijo al fin Paneloux, anunciando que iba a terminar–, el amor de Dios es un amor difícil. Implica el abandono total de sí mismo y el desprecio de la propia persona. Porque sólo él puede borrar el sufrimiento y la muerte de los niños, sólo él puede hacerla necesaria, mas es imposible comprenderla y lo único que nos queda es quererla. Ésta es la difícil lección que quiero compartir con vosotros. Ésta es la fe, cruel a los ojos de los hombres, decisiva a los ojos de Dios, al cual hay que acercarse. Es preciso que nos pongamos a la altura de esta imagen terrible. Sobre esa cumbre todo se confundirá y se igualará, la verdad brotará de la aparente injusticia. Por esto en muchas iglesias del Mediodía de Francia duermen los pestíferos desde hace siglos bajo las losas del coro, y los sacerdotes hablan sobre sus tumbas, y el espíritu que propagan brota de estas cenizas en las que también los niños pusieron su parte Justamente. Puede llegarse a ser un santo sin Dios; ése es el único problema concreto que admito hoy día. Es posible -respondió el doctor-, pero, sabe usted, yo me siento más solidario con los vencidos que con los santos No tengo afición al heroísmo ni a la santidad. Lo que me interesa es ser hombre*".

Pocas veces ha sido posible ver cómo una frase se contrapone de manera tan correcta a un completo parlamento. La novela hace ostensible en su recorrido la manifestación del espíritu librepensador, de la fraternidad y la libertad individual, en discrepancia con la autoridad extraterritorial y los autoritarismos, como ejes de un mundo solidario que permita alejarnos del absurdo en que estamos inmersos.

Esa interrogante lo sometió a continua discusión con los suyos, como cuando le planteó a Jean Grenier, su primer profesor de filosofía: "*No estoy seguro de ser un intelectual. No soy un filósofo. Lo que me interesa saber es cómo hay que comportarse. Y más exactamente, cómo puede uno comportarse cuando no se cree ni en Dios ni en la razón*".

Estimo que de cierta manera se respondió a sí mismo al señalar "*Me siento más próximo a los valores del mundo antiguo que a los valores cristianos*".

Personalmente, estoy cien por ciento representado en esta frase de Camus.

Resolver esta cuestión no es trivial y es algo que ocupa a muchos laicistas, tanto en el 1950 como en nuestra época actual. Pese a que hemos avanzado como humanidad en libertades, derechos y deberes, el estado actual del mundo, traducido en ignorancia, en luchas de poder transformadas en leyes intolerantes (como el reciente caso de Uganda) o, simplemente, en guerras, solo entrega desazón a quienes requieren de un entorno mucho más humano y afable, convirtiendo en terreno fértil para las religiones la población de este planeta constituyendo a los distintos dioses en "hijos de la carencia", como señaló Camus en alguna ocasión.

Crónica de una Apostasía

Estación mayo 2015

Etimológicamente hablando, la palabra "apostasía" viene del latín *apostasía* y ésta, a su vez, de su raíz en griego que significa "volver atrás". En el mundo de las religiones es el acto por el cual un miembro de un credo hace abandono de sus filas, pero su uso abarca otras áreas o esferas, como el político partidista, agrupaciones o corporaciones y un sinnúmero de otros tipos de asociaciones con el mismo significado. En particular, en la religión católica, que es mayoritaria en este sector del orbe, hace distinción de dos tipos: "un alejamiento de las doctrinas y verdades fundamentales de la Biblia, a enseñanzas heréticas que proclaman ser 'la verdadera' doctrina cristiana" y, por otro lado, "una renuncia total a la fe en sus preceptos y dogmas, lo que resulta en el abandono total de Cristo".

Ejemplos de condenados en la historia hay muchos y entre los pertenecientes a la religión católica del que más se habla es de Arrio, un excomulgado del año 325 en el nefasto Concilio de Nicea, convocado por Constantino, emperador romano en aquel entonces, por proclamar una doctrina distinta a la de aquel entonces señalando que el "hijo de Dios" no era "Dios" pues hubo un tiempo en que no existió, contradiciendo el dogma Cristiano-Católico.

Poco más de 6 meses tenía yo de vida cuando fui incorporado, sin consulta alguna, a la religión local más común de Chile hace más de 35 años, la Católica, en un ritual que ha sido costumbre en el país durante muchísimos años. Por cierto, muchas veces se da la particularidad que muchas madres y padres lo realizan, incluso sin entender el trasfondo de ello sino más bien como un hito, como parte de una arraigada tradición, con la correspondiente celebración posterior, que es lo que permite, aunque en menor número, la conservación de él hasta el día de hoy. Así como lo han empezado a tener también otro tipo de costumbres como los Baby Shower, las fiestas de Halloween y otras. El inicio de este breve párrafo que corresponde a mi historia personal puede ser fácilmente el eco de varios miles. Se ha preguntado alguien: ¿Cuántos bautizados en las religiones habría si dicho proceso fuese realmente una decisión personal, consciente y realizada en una etapa más madura, por ejemplo desde los 18 años? Incluso, de manera análoga a cómo, erradamente, la Iglesia defiende sus argumentos, en la Biblia no existe testimonio alguno de bautizos a menores de edad. De hecho, los únicos casos que aparecen en dicho libro sólo hacen referencia a adultos, capaces de pensar por sí mismos. ¿Entenderemos algún día el por qué insisten en el "trabajo" con los niños, dóciles mentales e incapaces de pensamiento racional acorde a una elección tan importante como lo es pertenecer a una religión o no?

Hoy en el mundo la religiosidad es menor. De hecho, según datos de la Agenzia Fides, perteneciente a la religión Católica, hubo una leve baja en el número de adeptos de sus filas con Europa y Oceanía liderando las bajas, aunque compensados por sendos aumentos en África que, dado el bajo nivel educacional y cultural de su población, constituye un terreno fértil para la "evangelización", a diferencia de los otros dos continentes que forman parte del primer mundo con evidente ventaja en el ámbito cultural y educacional.

El trámite de la apostasía o la invitación a realizarlo es evidente y cada vez más creciente, como se puede observar en muchos sitios de internet y comunidades dedicadas a ello, siendo España, Francia, Canadá y Venezuela y Argentina, en nuestro continente, los principales países en los que la fuerza de un movimiento de apostasía general ha sido llevado a cabo, aunque, salvo países donde la apostasía es pena de muerte, este proceso tiene un carácter de alcance mundial. En Chile, esta estadística no escapa de la norma y, a medida que el nivel cultural ha aumentado junto con el acceso a la educación, va bajando también la pertenencia a los credos existentes y eso pese a que una gran cantidad de personas ha sido bautizada. Incluso entre creyentes ya no se profesan ni se siguen sus estrictos preceptos, sino solo más bien se "pertenece" o se siente simpatía. Sin embargo, y aun a sabiendas de ello, con el objeto de mantener su sitial de poder, la Iglesia Católica (todavía credo religioso mayoritario, aunque en constante baja) hace usufructo de ese dato numérico en un estado que aún no entiende lo mandatorio de la laicidad en sus tres poderes ni su esencia. Es constante su intervención en los asuntos públicos -como se aprecia en nuestros medios de comunicación-, aunque no escapa a polémicas, como en el caso del reciente nombramiento de una de sus autoridades en el sur, cuestionado como cómplice de un pedófilo que no ha logrado ser procesado como corresponde; otra ostensible manifestación de encubrimiento de delitos por la cúpula eclesial y nueva señal de impunidad y proteccionismo. Para evitar estas anomalías, se hace necesario sincerar el número de adeptos a ese dogma. Paso fundamental para los no creyentes bautizados: la apostasía.

El trámite de la apostasía en sí mismo es bastante simple y su resumen es el siguiente, a modo de guía para realizarlo:

El primer paso no debería existir y el segundo debería ser el primero, pero dada la escasez de tecnologías y centralización de los datos de la Iglesia Católica y la escasez de edad del primer trámite, que ya comentamos, se hace necesaria esta inclusión:

1.- Recordar donde fuiste bautizado o más bien preguntar a los padres el lugar del trámite. Con seis meses o menos de edad es difícil recordar, ¿no?

2.- Dirigirse a la parroquia, capilla o iglesia donde se realizó el trámite del bautismo y solicitar una copia de la inscripción o certificado de bautismo. En tal caso, es necesario llevar un monto en efectivo, pues no es un trámite gratuito.

3.- Averiguar la diócesis de la región o arquidiócesis que corresponde y certificado en mano dirigirse al lugar para solicitar el formulario de apostasía. Un dato imprescindible es que no se puede realizar el día lunes, pues es día de "descanso".

4.- Una vez en la diócesis, llenar el formulario, el cual se realiza en conjunto con una "entrevista" con el párroco de turno, que, de manera análoga como lo hacen bancos o las empresas de servicios cuando uno solicita una baja, le realiza una charla tratando de revertir la decisión y, en mi caso al menos, al no poder revertirlo, utilizan la teoría del miedo indicando que es un trámite que le hará perder todos los "derechos" que se habían adquirido. Escaseando el temor se procede al llenado el formulario, se firma, se le entrega y esperas por una copia de él.

5.- El formulario es enviado de manera interna a la sucursal que corresponde, donde, lamentablemente pude comprobar no borran el registro, sino sólo le ponen una nota al lado indicando la condición de apóstata. Deberían borrar el registro de bautismo, pues siguen manteniendo la información en sus libros de manera engañosa.

6.- Ya el trámite está finalizado, pero resulta adecuado, transcurrida una semana o dos, dirigirse nuevamente al lugar donde fuiste bautizado y solicitar un certificado de bautismo y comprobar que los datos hayan sido correctamente ingresados y que el registro haya sido actualizado. Deberían rechazarte el certificado e indicar condición de apóstata.

El trámite es, como se dijo, relativamente simple. Paradójicamente, aquí lamentamos que el Estado de Chile sí respete fielmente la separación Iglesia-Estado (como no lo hace en otros casos, haciendo la vista gorda ante tantas intervenciones eclesiales en asuntos públicos), pues no existe manera civil de certificar o constatar que realmente de parte de la iglesia el hecho de apostatar se haya consumado o realizado de manera efectiva y fiel al espíritu que hay tras una acción como ésta. Una decisión concienzuda, meditada, reflexiva y racional, destinada a corregir un vicio que aún sigue vigente en la sociedad chilena actual y en varios otros lugares del mundo.

Ejercida la apostasía, la Iglesia ya cuenta con un miembro menos. Con la honestidad por delante, quienes no profesamos una religión y vemos un mal uso de esa cifra de "mayoría", deberíamos realizar este trámite en pos de terminar con la tiranía que ejercen y buscan continuar ejerciendo los clérigos, esperando el día en que las autoridades del país entiendan lo necesario que es tener un Estado cien por ciento Laico.

Epílogo

Me comuniqué con la sucursal respectiva para confirmar el estado de mi acción y aunque no quisieron entregar la información por correo electrónico, lo hicieron a través de la vía telefónica y se confirmó la presencia de la "nota" en mi libro de registro que indica mi condición de apóstata.

DECLARACIÓN FORMAL DE ABANDONO DE LA FE CATÓLICA

En Santiago de Chile, con fecha 17/02/2015 comparece don [illegible] de nacionalidad Chileno, cédula de identidad [illegible] nacido el [illegible] mayor de edad, bautizado el [illegible] en la Parroquia de [illegible] Diócesis de [illegible] Libro [illegible] Folio [illegible], domiciliado en [illegible] Comuna de [illegible] viene ante la autoridad eclesiástica competente a exponer lo siguiente:

1. Que viene personalmente, en pleno uso de sus facultades, libremente y sin ser obligado bajo ninguna forma de coacción y es consciente del acto que va a realizar.
2. Que en las condiciones antes dichas ha tomado la decisión de hacer abandono de la iglesia por acto formal, lo que equivale a realizar un acto de apostasía, esto es, el rechazo total de la fe cristiana (canon 751 del Código de Derecho Canónico, en adelante CIC).
3. Que por el presente acto exterioriza su voluntad siendo consciente de los principales efectos que éste produce –enumeran a continuación– y otros contemplados en la legislación canónica vigente:

- No obstante el carácter indeleble del bautismo, se produce una ruptura de los vínculos de comunión plena con la Iglesia Católica, es decir, de fe, sacramentos y régimen eclesiástico (canon 205 del CIC).
- No puede recibir ningún sacramento por cuanto estos son signos y medios por los cuales se fortalece la fe, se rinde culto a Dios y se constituye la comunión eclesiástica (cánones 840, 1086, 1117 y 1124 del CIC).
- No puede ser padrino/madrina de bautismo ni de confirmación (cánones 874 § 1 nº 3 y 893 § 1 del CIC).
- Queda removido o imposibilitado, según el caso, de ejercer algún oficio eclesiástico o servicio litúrgico (canon 194 § 1 nº 2 del CIC).
- No puede enseñar en nombre de la Iglesia.
- No puede recibir exequias eclesiásticas a no ser que hubiera dado alguna señal de arrepentimiento (canon 1184 nº 1 del CIC).

La autoridad eclesiástica competente aquí firmante recibe este consentimiento y ordena que se anote en el Libro de Bautizados correspondiente (canon 535 § 2 del CIC).

Firma interesado

[illegible]

ARZOBISPADO DE SANTIAGO

El siglo XXI será laico y espiritual o no será

Estación enero 2016

El siglo XXI será laico y espiritual o no será. Esa frase se esculpe en la contratapa de uno de los libros de André Comte-Sponville (*El Alma del Ateísmo*, Paidós, 2009), filósofo francés que se encuentra entre los más apreciados, no solo en su país natal, sino también en los de habla hispana.

Ha transcurrido ya un par de meses tras los atentados acaecidos en París en noviembre y no pude dejar pasar la oportunidad de rememorar su afirmación en esta ocasión tan propicia. Pero ¿qué es lo que la hace propicia? Acaso solamente un atentado más contra la humanidad bajo un fin religioso, de los que hemos tenido demasiados, o ¿hay algo más tras ello? La lógica indica que hay algo más tras la muralla de lo evidente, pues hay una paradoja en los libros sagrados que es difícil de hacer entender a la población en general. Es extremadamente más simple creer, ya sea en la autoridad divina local o la que se haya elegido, aunque no sea la más común de acuerdo con el punto geográfico que se habita. A modo de paréntesis, dejo expuesta la pregunta al lector creyente: ¿qué tan fácil te sería cambiar tu actual dios por el de otra región de nuestro planeta? ¿Es tan válido uno como el otro o solo el dios de tu creencia existe y los otros son falsos?

Los libros sagrados

Retomemos la paradoja planteada: esta consiste en el origen pretendidamente divino de cada uno de los libros sagrados de las religiones y, a la vez, en su contenido tan patéticamente humano, no humanista. Justamente por la época en que fueron escritos, y sin ningún tipo de inspiración divina ni similar, sino cien por ciento confecciones humanas, contienen un alto contenido violento, intolerante y promotor de conductas prejuiciosas y agresivas que, si bien en ese tiempo fueron algo común, hoy están total y absolutamente fuera de lugar. Conductas como machismo exacerbado o misoginia, violencia contra quien no piensa como uno, xenofobia, promoción o aceptación de la esclavitud, homofobia, entre muchos otros. Citaré sólo algunos ejemplos, pues existe vasta literatura al respecto. En el caso de la misoginia o machismo exacerbado, podemos citar a Timoteo del libro cristiano, en su capítulo 2:11: "*La mujer aprenda en silencio, con toda sujeción. Porque no permito a la mujer enseñar, ni ejercer dominio sobre el hombre, sino estar en silencio*". O en Génesis 3:16: "*A la mujer dijo: En gran manera multiplicaré tu dolor en el parto, con dolor darás a luz los hijos; y con todo, tu deseo será para tu marido, y él tendrá dominio sobre ti*". O en el Corán por ejemplo, sura 2, 228: "*Las repudiadas deberán esperar tres menstruaciones. No les es lícito ocultar lo que Alá ha creado en su seno si es que creen en Alá y en el último Día. Durante esta espera, sus esposos tienen pleno derecho a tomarlas de nuevo si desean la reconciliación. Ellas tienen derechos equivalentes a sus obligaciones, conforme al uso, pero los hombres están un grado por encima de ellas. Alá es poderoso, sabio*".

Eso con el machismo. Revelador, ¿no? Por otra parte, uno que mezcla lo anterior con la violencia extrema, y que hoy ni siquiera la mujer más creyente acepta –al menos eso espero-, es el que aparece en La Biblia, Deuteronomio 22:20,21 que señala: "*Si una joven se casa sin ser virgen, morirá apedreada*". O uno que mezcla aceptación y promoción de la esclavitud con violencia, del mismo "autor" y libro, capítulo 15, 16-18: "*Si un esclavo está contento contigo, tomarás un punzón y le horadarás la oreja y te servirá para siempre. Y lo mismo le harás a tu esclava*", o alguno homofóbico y violento: "*Si un hombre yace con otro, los dos morirán*", en Levítico 20, versículo 13. Amenazas a quienes no profesen tal religión. En Juan 15:6 podemos encontrar: "*Si alguno no permanece en mí, es arrojado fuera, como el sarmiento, y se seca; luego los recogen, los echan al fuego y arden*". El antisemitismo del Nuevo Testamento queda de manifiesto en Tito 1:10-11: "*Porque hay muchos rebeldes, vanos habladores y embaucadores, sobre todo entre los de la circuncisión, a quienes es menester tapar la boca; hombres que trastornan familias enteras, enseñando por torpe ganancia lo que no deben*". El Corán no queda atrás en violencia e intolerancia hacia la "competencia" con la que se disputan el mundo de los creyentes. He aquí algunos textos que con mucha probabilidad fueron inspiración de los aterradores episodios que se vivieron en la romántica ciudad del amor o ciudad luz europea: "*Matadles donde quiera que los encontréis y expulsadles de donde os hayan expulsado. Tentar es peor que matar. Combatidles hasta que cese la oposición y la adoración debida sea sólo por Alá*", extractado del sura 2:191-193. La enemistad de la religión con el sexo y su pasión por la violencia pública y aceptación de la esclavitud se muestra ostensiblemente en sura 24:2 "*Flagelad a la fornicadora y al fornicador con cien azotes cada uno. Por respeto a la ley de Alá, no uséis de mansedumbre con ellos, si es que creéis en Alá y en el último Día. Y que un grupo de creyentes sea testigo de su castigo*".

Conmovedor.

Un siglo laico

Humanos en piel de dioses o dioses en piel de humanos. Sea como se mire, solo queda de manifiesto que el hombre creó a dios a su imagen y semejanza y no al revés. Ahora bien, lanzado el primer dardo en el blanco de la similitud de la violencia e intolerancia no solo hacia las religiones de la "competencia", sino además también a quienes no entran en el juego planteado por ellas, es que cabe responder a la interrogante auto planteada en el inicio de este capítulo: si acaso solo el registro del atentado en París daba pie a la oportunidad de resaltar el deseo de Comte-Sponville acerca de soñar un siglo XXI laico y espiritual. La verdad es que no únicamente ese es el motivo. El mes de enero, en su particularidad, tiene una serie de natalicios y fallecimientos notables. Si bien fallecieron Galileo Galilei, Edmund Halley y Albert Camus, en contraparte, vieron la luz de la vida Stephen Hawking, Isaac Asimov, Sir Francis Bacon y Lord Byron. Personajes de la breve historia de nuestra humanidad – si es que la comparamos con la historia del multiverso – que tuvieron en sus iniciativas laicistas, no solo el don de contribuir a nuestro conocimiento y desempañar el ocultismo en que nos quisieron envolver las cúpulas eclesiásticas de sus años; sino, además, la valentía de luchar hasta la muerte muchos de ellos, que implicaba contradecir la sagrada y oscura escritura que permite dominar con mayor facilidad a la gran masa habitante de cualquier era. Lo pone de manifiesto Hawking también en su libro *Historia del* Tiempo, donde confiesa que tras una reunión con la autoridad máxima de El Vaticano, éste les indicó que "*estaba bien estudiar la evolución del universo después del Big Bang, pero que no debían indagar en el Big Bang mismo, porque se trataba del momento de la creación y, por lo tanto, de la obra de Dios*". A lo que Hawking se respondió a sí mismo: "*Suerte que no conociese (el Papa) el tema de la conferencia recién dictada, pues concluí que el espacio-tiempo es posible que fuese finito, pero sin frontera, lo que significaba que no hubo ningún 'principio' ni creación. ¡Yo no tenía ningún deseo de compartir el destino de Galileo, con quien me siento fuertemente identificado en parte por la coincidencia de haber nacido exactamente 300 años después de su muerte*!". Por suerte ya en la década de los 80, Hawking tampoco se dejó amedrentar ni adormecer por el canto de sirenas que supone la creencia y la comodidad de no investigar para saber, para ir un poco más allá de esa frontera que dibuja el 'dios quiere' o 'dios hizo'. "*La religión es el suspiro de la criatura oprimida, el sentimiento de un mundo sin corazón, así como el espíritu de una situación sin alma*". "*El opio del pueblo*", decía Marx, "*la exigencia de renunciar a las ilusiones sobre su condición es la exigencia de renunciar a una condición que necesita de ilusiones*". Y bien dormida y sedada es que tienen las religiones a la población del mundo en general, a la que aletarga en la comodidad del no saber ni investigar, pues "es más fácil creer que pensar", afirmaba Einstein. El trabajo realizado no solo por las figuras nombradas, sino además por muchos otros tanto de renombre como anónimos y el esfuerzo humano por conseguir que la comunicación y, junto a ello, la educación, cultura e información, han permitido que hoy, en los albores del siglo XXI, ya se comience a notar el sueño de Comte-Sponville, el que hace eco en muchos otros y, pese a los últimos estertores de la violencia en nombre de algún dios de turno, las generaciones nuevas han dejado de adoptarlos como modelo espiritual y se han dado cuenta que la espiritualidad misma no necesita de una religión y que hablar de espiritualidad sin dios no es contradictorio ni excluyente, así como tampoco se puede afirmar que espiritualidad y religión son sinónimos. "*Basta con moverse un poco, tanto en el tiempo (hacia la sabiduría griega) como en el espacio (hacia el Oriente Budista o Taoísta), para descubrir que existieron, y que aún existen, inmensas espiritualidades que no eran ni son, en absoluto, religiones en el sentido occidental del término. Si todo es inmanente, el espíritu también lo es. Si todo es natural, la espiritualidad también lo es. Esto, lejos de constituir un impedimento para la vida espiritual, es lo que la hace posible. Estamos en el mundo y pertenecemos al mundo: el espíritu forma parte de la naturaleza*" (Comte-Sponville, 2009). ¿Cómo puede esa conclusión del francés no abrir los poros del cuerpo como la más cálida de las aguas, permitiendo que la sustancia que alberga ese pensamiento recorra todas y cada una de las venas de un ser racional y emotivo como lo somos, hasta sentir el escalofrío que permita sacudirnos y sacarnos de encima el polvo vetusto de la realidad actual, con una religión que se resiste y se aferra a la política para buscar en la ley civil uno de sus últimos listones de madera que permita a sus sabores monoteístas y absolutistas flotar en un mar que, poco a poco, ahoga sus intenciones de perdurar, cual tormenta perfecta?

La generación actual está más informada y posee acceso al conocimiento, a los avances científicos que buscan verdades basadas en evidencias, a los escándalos surgidos en todas y cada una de las religiones otrora ocultados exitosamente, a los hechos de violencia en nombre de ellas, a la lenta pero segura comprensión de los estados que se tornan laicos, respetando todas las creencias y no creencias, otorgando un imparcial espacio a ellas y a los ejemplos de muchos personajes que no sólo con sus sendos aportes a la ciencia, a la poesía, a la filosofía, sino también a la vida espiritual en sí misma. Todas las características mencionadas conforman esta tormenta perfecta. Nuestro planeta no es más que un punto ínfimo en la vastedad del multiverso, "pale blue dot" le llamó Sagan alguna vez, y esto nos debe educar en la humildad, ya que a su vez, el ser humano es pequeño dentro de la superficie terrestre, lo que nos debe llevar a la admiración de lo conseguido por el hombre y para el hombre, como muestra de la trascendencia que supone una labor pensando en el bien que puede provocar a alguien distinto a nosotros, sin importar la retribución ni el halago. "*Me encantan las capillas románicas. Admiro las iglesias góticas. Pero la humanidad que las construyó y el mundo que las contiene, me enseñan mucho más*" (Comte-Sponville, 2009).

Con respeto y cariño para el pueblo francés y los ciudadanos del mundo que coincidieron en espacio y tiempo con el macabro atentado en nombre del dios de una religión "de amor".

La nueva hoguera de la ¿nueva? Inquisición

Estación mayo 2016

Tras la votación de la Ley de Aborto en tres causales, realizada a mediados del mes de marzo, y que terminó con una votación en la Cámara Baja favorable de 3/5 partes o 60% de aprobación, incluyendo votos de partidos de color político distinto al de gobierno, la actual Ministra de Salud indicó que no daría urgencia al proyecto en el Senado, con tal de garantizar el correcto y amplio debate del mismo, y para dar la posibilidad a todas las partes de plantear sus puntos de vista al respecto de una manera civilizada y bajo los cánones que dictamina un Estado y los poderes legislativos.

La votación inicial y el apabullante apoyo en la sociedad que despierta el proyecto se ve reflejado en varias encuestas, como CEP, Radio Cooperativa, Imaginacción, U. Central, UDP, Adimark, INJUV y muchas otras más, donde los resultados son avasalladores (todos sobre el 60% y algunos muy por sobre ello) en favor de que se legisle por la despenalización de la interrupción del aborto y el respeto al derecho de una mujer a decidir, aunque sea en estas tres causales, a las que ninguna de ellas hubiera optado de manera voluntaria.

El proyecto es un avance, no mayor quizá, pero un avance al fin y al cabo, que nos libera de la compañía de países como El Salvador, Malta, República Dominicana, Nicaragua y El Vaticano (paradójicamente, su único hospital no tiene maternidad ni se producen nacimientos, por tanto no debería contar) respecto del atraso legal en que se encuentran, aunque en materia de derechos de la mujer no nos adelanta demasiado.

Sin embargo, la reacción de algunos parlamentarios y de algunas iglesias, en particular la católica, ante la posibilidad real de la promulgación y su aceptación de parte de la sociedad chilena, es definitivamente espeluznante. Por una parte, el mandamás actual de la Iglesia Católica, cardenal Ezzati, señala en entrevista a un diario local que "*quienes se definen cristianos deberían ser coherentes con su fe*" y, en amenazante tono, efectúa una reprimenda a los parlamentarios: "los laicos católicos están llamados a no sucumbir ante la tentación de divorciar el compromiso político de la fe que profesan", tratando de ejercer coerción sobre el actuar de los legisladores, quienes justamente deben hacer exactamente lo contrario y dejar de lado sus creencias personales y trabajar pensando solo en el bien de un país y en el respeto a todas las creencias y no creencias, pues no votan respecto a una fe, sino a las leyes que constituyen una nación y sus habitantes con infinidad de cosmovisiones.

El día que existan parlamentarios que profesen la religión del Islam ¿votarán o crearán leyes que promuevan que las mujeres empiecen a cubrir sus cabezas? O si los hubiese en la religión judía ¿todo un país debe seguir el estilo de vida dictado en la Torá o el Talmud?

Si bien el desesperado clamor del cardenal no sorprende del todo, se suma a él el llamado, casi a la insurrección que realizó, semanas después, el rector de la Universidad Católica, Ignacio Sánchez, quien instó en varios medios de prensa a quienes quisieran poner en práctica la potencial ley, a realizarlo fuera de las instalaciones que dependen de esta Casa de Estudios, violando no sólo la libertad profesional de un trabajador de la salud, sino que, bajo una implícita amenaza a la pérdida de la fuente laboral, pretende violar el sentido del deber e imponer el "ideario" católico a todo aquel que trabaja y estudia en sus instituciones.

¡Qué lejos se encuentran esas frases de lo que implica una universidad!, de lo que implica la búsqueda de la madre nutricia por parte de los alumnos y potenciales alumnos quienes, dicho sea de paso, ya levantaron su voz indicando que no todo el estudiantado piensa de la misma manera.

Esa fuente de conocimiento que, ante la escasa calidad de gran parte de los planteles educativos en nuestro país, obliga a los estudiantes y postulantes a pagar el costo de dejar de lado las creencias personales con tal de recibir un bien mayor, como es la educación, considerando que la UC es una de las mejores evaluadas dentro del paupérrimo rendimiento de los planteles superiores de nuestro país respecto al mundo, ya que tiene la más alta posición (170°) dentro del ranking mundial, seguida de la Universidad de Chile (209°), la USACH (451°) y la U. de Concepción y nuevamente una universidad con ideario religioso, como la U. Católica de Valparaíso, ambas dentro de los 601-650 puestos [Quacquarelli Symonds, 2015].

Por otra parte, aunque de la misma manera, uno de los partidos políticos más ligados a la institución religiosa católica, con mayoría de ellos perteneciendo también a la facción actual más extrema de esa religión, el Opus Dei, deja de manifiesto que si llegasen a salir derrotados durante el proceso legislativo, concurrirán al Tribunal Constitucional con tal de anular su promulgación. Me refiero a la Unión Demócrata Independiente, UDI.

Ninguno de los mencionados ha reconocido que la indicación constitucional a la que defienden y se aferran, fue realizada de manera artera durante el ocaso del período no democrático, sin la más mínima discusión ni parlamentaria, ni legal ni mucho menos social. Para todos y cada uno de ellos lo único esencial es imponer sus posiciones ideológicas respecto a la maternidad de la mujer a como dé lugar y avasallando con todo y con todos a su paso.

Algunos personajes históricos ya conocieron, siglos atrás, el rigor de lo que significa enfrentar una posición contraria a la de la Iglesia Católica y pagaron con sus vidas incineradas en la hoguera su oposición a las creencias contemporáneas de su existencia. En un plano menor, también sucumbieron a la censura libros de Darwin, Boccaccio y obras como *Las Mil y Una Noches*, la *Odisea* y muchas más de todo el espectro literario, desde novelas y obras de ficción hasta tratados de cosmología o estudios filosóficos. Y no sólo en tiempos remotos. Cabe destacar el público acto de censura que realizó el año 2005 el entonces cardenal Tarciso Bertone al libro de ficción de Dan Brown *El Código Da Vinci*. El mismo cardenal que hoy nuevamente sale a la luz de la opinión pública por la malversación de fondos destinados a niños del hospital del Vaticano para la mantención de su departamento de lujo de 600 mt^2, digno de su voto de pobreza, aunque ese tema es harina de otro costal.

La política del terror que se ha visto tras el primer triunfo legislativo de una ley que busca sacar de la ilegalidad el derecho de una mujer a la elección de la maternidad en casos realmente extremos e inhumanos, no es nueva ni será esta la última vez que la veamos en práctica. El temor a la poca efectividad que tiene el discurso religioso incluso entre sus propios adherentes voluntarios obliga a las cúpulas eclesiásticas y sus guiñoles a buscar, dentro de la legislación de una nación que debiese respetar el laicismo pero no lo hace, los pilares que soportan la débil estructura de un discurso que se aleja de las prácticas civilizadas.

Si nuestra candidez e inocencia nos hacía creer que las imposiciones de ideologías y creencias eran parte del pasado, hoy la realidad nos sacude y nos abofetea, intentando hacernos caer en el nuevo fuego de la ¿nueva? Inquisición.

Epílogo

La ley de aborto[1] de tres causales fue promulgada finalmente tras un largo derrotero de dos años, comisión mixta mediante, al ser aprobada en el senado con 22 votos a favor y 13 en contra, fue promulgada el 14 de septiembre del 2017 luego de pasar incluso por el Tribunal Constitucional quien rechazó el último recurso al respecto puesto por personeros de algunos partidos ligados al credo católico[2], cuyo texto completo puede ser obtenido en la URL al pie, al igual que el de la ley que finalmente vio la luz tras publicarse el 23 de septiembre del 2017.

---

[1] https://www.leychile.cl/Navegar?idNorma=1108237

[2] http://www.tribunalconstitucional.cl/descargar_sentencia.php?id=3515

Cargos públicos y Estado Laico jugados al cara y sello

Estación julio 2016

En un estado laico, que se respete como tal, esta columna es muy probable que ni siquiera hubiera visto la luz del día. Sin embargo, la actual condición de estado laico a medias, como refrenda la historia de nuestro país en casi la totalidad de las cosas, no solo permite el nacimiento de este capítulo, sino además, causa preocupación por lo que se viene en adelante e indignación por lo ya acontecido. Tras la renuncia de Jorge Burgos a su cargo de ministro del Interior, el 8 de junio de 2016 asumió en su reemplazo Mario Fernández, conocido miembro del Opus Dei, institución en la que tiene calidad de supernumerario. Ese rango o denominación se utiliza para quienes son miembros activos de la prelatura, sean casados o solteros y sin obligación de celibato, que puedan compatibilizar sus actividades profesionales y sociales con las de "La Obra", dado que así se traduce parcialmente su nombre del latín y es como se autodenominan en este lado del orbe. Tras asumir sus funciones, se destacaron inmediatamente dos situaciones en la prensa de todo tipo de circulación y edición. La primera fue la petición de aceleración del trámite de discusión del matrimonio igualitario por parte de un grupo de diputados oficialistas, además de algunos miembros de Evópoli y Amplitud, de la oposición. Por otra parte la obligatoriedad, por funciones del cargo de ministro del Interior, de colaborar en la promulgación del proyecto de ley que busca despenalizar la interrupción del embarazo en 3 causales o situaciones extremas, retornando, dicho sea de paso, la normalidad de esa norma, que fue arteramente modificada durante el período no democrático de nuestra república. Esos dos hechos puntuales, sumados al historial de entrevistas al respecto de Fernández es que salieron a la palestra frases contrarias a proyectos similares dichas por él hace algunos años y surgieron amenazas o mensajes coercitivos disfrazados de opiniones o entrevistas a horas del acto de firmar y en los días inmediatamente posteriores de parte de algunos de sus correligionarios. Se lanza la moneda al aire en la cabeza de Fernández.

Cara

La cara de la moneda está basada en las propias voces de Fernández y en las opiniones vertidas por sus pares del Opus Dei y además por otros personajes ligados a la política del sector más cercano a la Iglesia Católica. Es así como de inmediato se hicieron sentir las voces de alerta y se recordaron frases dichas por el actual ministro como "*Estoy contra el divorcio porque la Iglesia está contra el divorcio. No tengo idea de las razones teológicas, yo no soy teólogo. Creo en todo lo que dice el cardenal. Él es mi autoridad religiosa*", cuando era Secretario General del expresidente Ricardo Lagos (2002) y se discutía la ley de divorcio, en clara indicación que ni siquiera pensaría al respecto por sí mismo pues la orden ya venía dada desde su autoridad religiosa. En la misma línea, salieron a dar la batalla por la prensa y enviar amenazas personajes de todo ámbito cercanos a la posición dura e inamovible de esa ala de la Iglesia Católica (Opus Dei), con tal de coaccionar el actuar del recién nombrado Ministro del Interior y lo hicieron sin consideración alguna y con un desparpajo que solo es posible ver en países que, como el nuestro, han denostado por años la condición de lo que significa realmente un Estado Laico. Así es como en esas semanas próximas al nombramiento, se publicaron entrevistas a distintos miembros anónimos del Opus Dei, donde indicaron textualmente "*no entender que (el ministro) viva su fe hacia dentro y no hacia afuera*" y que "*todo tiene un límite*", refiriéndose a las obligaciones profesionales o de su cargo y las que le dictan desde la prelatura, según se publicó en El Mostrador. Finalizaron esas críticas, expresando la molestia que genera debido a que "*los miembros de 'La Obra' deben rendirle obediencia a lo que dice el Papa, y ¿qué más claro que lo que ha dicho el Papa en estos temas?*". En el mismo periódico, el diputado DC Jorge Sabag, también miembro, quiso intimidarlo aludiendo a una contradicción entre sus opiniones del 2008 respecto a la píldora del día después y las actuales, exigiendo incluso una explicación. A modo de anécdota, Jorge Sabag indicó, por el tema del matrimonio homosexual, que "*los legisladores no saben más que Dios*" (sic). Un par de semanas después en el diario La Tercera, apareció una entrevista al obispo de San Bernardo Juan González, en la que da instrucciones a Fernández, indicando que "*si es un católico, no debería estar de acuerdo con la ley*", aunque atenúa su frase con un "*el ministro no puede hacer mucho, pero si pudiera debería estar jugado por la posición correcta*". Lógicamente la posición correcta y verdad única para González es que se mantenga la prohibición. No obstante, luego lo repasa, indicando que "*como miembros del Opus Dei, los dos tendríamos que ser coherentes con la fe de la Iglesia Católica. Es lo que se nos pide*", contradiciendo de paso a Sabag, quien había indicado en otra entrevista que la prelatura no da indicaciones. Dicho sea de paso, Juan González es el obispo que hizo acreedor a Chile de una demanda por parte de la Comisión Interamericana de Derechos Humanos, tras prohibir a la docente, exmonja Sandra Pavez, de orientación sexual homosexual, realizar clases de religión católica en un colegio público, acogiéndose a un decreto del año 1984 el cual establece que la Iglesia Católica tiene la potestad de decir quién puede y quien no realizar esas clases, aún vigentes en la educación chilena. De paso González derivó a la docente con un siquiatra de la Iglesia Católica, en un claro acto discriminatorio y violando lo indicado por la OMS el año 1990, donde se indica que la homosexualidad no es una enfermedad.

Sello

El sello de la moneda que se lanzó al aire lo constituye el sentido común y esencia laica de un estado y sus miembros. ¿Cómo puede ser posible que alguien, quienquiera que sea y cual sea su cargo, pueda interponer y anteponer sus creencias personales por sobre las que les dicta el cargo y las profesionales por las cuales representan a un país completo en su total diversidad? Es una pregunta justa, pero que suena rara, extemporánea, inadecuada y casi ridícula en los tiempos actuales y con los antecedentes históricos de las naciones desarrolladas o en vías de desarrollo que alberga el tercer planeta de nuestro sistema. Aun así, con lo inverosímil del temor, hubo que salir a disipar el miedo generado y por supuesto a acallar las críticas y presiones que se generaron en la inmediatez de la presentación. De hecho, una de las primeras acciones de Fernández fue declarar que *"el proyecto enviado por la presidenta de la despenalización del aborto por tres causales muy concretas, yo lo suscribo"*. Luego ante los comentarios de personas que temían que por su pertenencia al Opus Dei jugara en contra de estas reformas y ante las presiones de dicha prelatura aparecidas en el periódico El Mercurio, es que él mismo señaló, en un tono quizá más tranquilizador, *"Imagínese que a todas las personas se les esté pidiendo cuentas respecto de sus credos religiosos. Eso me tiene bastante asombrado realmente. ¿Por qué a mí se me pide eso? Entonces, yo le pido respeto por mis creencias religiosas, como yo respeto las creencias religiosas de todos los demás"*. Con eso, más que cubrirse de las potenciales críticas, desde mi punto de vista, indica que claramente el no antepondrá sus creencias personales al laicismo y visión que le impone su cargo. Aun así, columnistas como Carlos Peña, dejaron entrever su desconfianza ante la posición de dicha colectividad, que, es sabido, considera un "error moral" y literalmente un "asesinato" no sólo el abortar, sino también el estar de acuerdo con dicha posición, y así planteó sus temores en su columna habitual de los domingos en El Mercurio, haciendo referencia al actuar del actual ministro durante su período como miembro del Tribunal Constitucional, donde antepuso claramente los principios de la prelatura por sobre los derechos e intereses de los ciudadanos, donde declaró su "obediencia" al obispo de turno, sin razonamiento previo, sino simplemente como aceptación de una palabra que es ley para él. ¿Cuál de los dos Fernández es el real? El de aquel período donde fue pauteado literalmente por su religión o el actual donde dice apoyar no solo el plan de la Presidenta de la República, sino además, de proyectos que han sido históricamente rechazados por la curia y en particular por el Opus Dei. ¿Cómo compensará el actual ministro el actuar histórico de la secta católica, que empíricamente ha demostrado que imponen o tratan de imponer a todos los ciudadanos, independiente de sus creencias personales, que lo que ellos creen que está mal, está mal para todos? Con tal de aclarar el panorama, la directiva del partido oficialista PPD se reunió la quincena de junio con el ministro para acelerar el proyecto de la despenalización y ver la respuesta del ministro ante la petición y así dilucidar los temores, ante lo cual el ministro respondió que "*El gobierno tiene la voluntad de apresurar la normativa*" y adelantó que él está "*comprometido*" con la iniciativa, tratando de descomprimir el ambiente en torno a la usual manera de actuar de un Opus Dei. Luego, el mismo ministro, en una entrevista a Radio Cooperativa tuvo que aclarar que apoya al programa de la presidenta, incluyendo los dos proyectos polémicos respecto al dogma católico, "sin dobleces", en una nueva señal de que el mundo democrático. Días antes, el dirigente comunista Guillermo Tellier indicó que "se conoce su adhesión a las posiciones de la iglesia, y eso se respeta, pero las leyes se hacen en el Parlamento. Podrá estar o no de acuerdo con algunos temas pero eso se zanjará finalmente en El Congreso", en clara alusión, nuevamente, al temor que despertaba su afiliación a la prelatura. En esos días, además, a través de la líder del PS, Isabel Allende, se concretó una reunión con los líderes del partido de la coalición Nueva Mayoría y tras el encuentro, los mismos timoneles indicaron su tranquilidad dado que el ministro Fernández había asegurado que, pese a sus posiciones espirituales personales, iba a "*subordinarse*" a la Presidenta y cumplir con las directrices encomendadas, lo cual refrendaría días después al declarar, ante las críticas del Partido Demócrata Cristiano al proyecto de Matrimonio Igualitario, "*...esta es una iniciativa parlamentaria, no estamos en un Estado religioso, sino laico y, por lo tanto, las iniciativas legislativas se llevan al Parlamento y quienes votan son los parlamentarios, yo no mezclaría las dos cosas*".

Cae la moneda

Frases más, entrevistas menos, en línea con la nuevas prácticas de la "nueva" Inquisición, se sigue temiendo por parte del ciudadano liberal, laico y respetuoso de un estado no confesional y con justa razón, aunque parezca increíble, en un estado separado de la iglesia desde el año 1925, es decir, 91 años atrás, que las fuerzas de una institución religiosa utilicen sus métodos e impidan el correcto funcionamiento, no solo del poder legislativo y judicial, sino también amenacen, a vista y paciencia de todos los ciudadanos, a miembros del poder ejecutivo de la república...la moneda está en el aire...¿cara o sello?

Epílogo

Tras el intento de acelerar la tramitación de este proyecto de ley de matrimonio civil igualitario del año 2016, Michelle Bachelet, presidenta de Chile en aquel entonces, envió en agosto del año 2017 el proyecto al Congreso Nacional de Chile y recién en noviembre del 2019, bajo el gobierno de Sebastián Piñera, la comisión de Constitución, Legislación, Justicia y Reglamento del Senado aprobó la idea de legislar que luego fue aprobada en la sesión ordinaria N°96 del 15 de enero del 2020 por 22 votos contra 16, con lo cual el proyecto vuelve a Comisión de Constitución para su discusión en particular.

La moneda aún no cae, sin embargo, ya Fernández zafó de su promulgación y, de salir exitosa, sería posible que la debiese promulgar el actual Ministro del Interior Gonzalo Blumel, que pese a pertenecer a un gobierno que involucra a partidos apegados al catolicismo y evangélicos, al menos individualmente no tiene participación conocida en grupos ultrarreligiosos. Quizá la moneda nunca caiga...

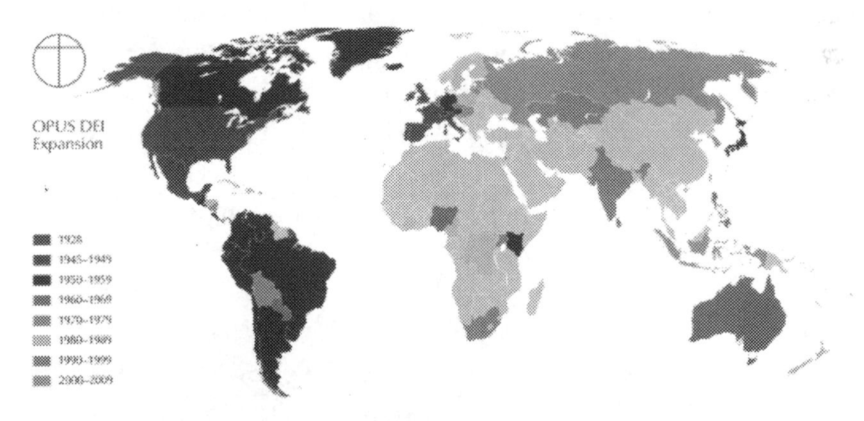

Opusdei.svg: Citypeekderivative work: Odysseus1479 / Public domain

Los clérigos y la legalidad

Estación noviembre 2016

Si bien no se puede afirmar a ciencia cierta que los dioses no existen ni tampoco que sí existen, sí podemos decir con toda confianza, al menos mayor a un 99,99%, que la "justicia divina" no existe. Por estos días ha hecho noticia Francisco Cartes, clérigo curicano de la rama católica del cristianismo, condenado por la justicia civil chilena el año 2012 a la pena de 5 años y un día de presidio, aunque con beneficio de libertad vigilada, y la imposibilidad por 10 años de estar al cuidado de menores o trabajar con ellos, por abuso sexual y exposición a actos de significación sexual contra el niño Marcelo Parra Trujillo, de 14 años en el año 2008, que se desempeñaba como acólito de ese sacerdote en diversos rituales y era alumno de su clase de catecismo, hoy disfrazada bajo el nombre "clase de religión" y que se dicta obligatoriamente en los establecimientos educacionales del país. Tema aparte. Eso entre muchas otras actividades en que se encontraba con el sacerdote. El niño decidió romper su silencio el año 2011 y la historia terminó con la Corte de Apelaciones condenándolo, sentencia que confirmó posteriormente la Corte Suprema tras una apelación, inverosímil, de la defensa del párroco pedófilo. Con todo ese historial, condensado al máximo en estas líneas, el tribunal eclesiástico que llevaba la "causa canónica" desestimó los cargos y "absolvió" a su integrante, quien, si bien civilmente sigue condenado, podrá retomar su "trabajo", es decir, podrá volver a enfrentarse al público desde el púlpito e invocará a su dios, y parafraseará al personaje histórico que da el nombre al cristianismo, perdonando a sus agresores, indicando que no saben lo que hacen. Traer a colación este caso, de entre muchos otros idénticos o similares que pueden obtenerse de una crónica policial o nacional de cualquier periódico, tiene sólo el objetivo de representar mediante una situación un hecho.

Una serie de características que han marcado no solo la historia de la relación Estado-Iglesia, sino también, en pleno siglo XXI, amenaza con permanecer en el tiempo y conservar el *statu quo* o en el estado en que nos encontramos hoy, respecto a la injusticia de las justicias. Desglosaré un poco estas características.

Proteccionismo clerical

No seré yo, en este modesto capítulo, quien descubra que la cúpula de la Iglesia Católica, al igual que cualquier administración de otra religión o cualquier otro gremio, haga uso de todas las herramientas a su alcance para proteger a algún miembro de su colectividad, a veces sin el menor escrúpulo y con plena desfachatez, como en la situación planteada en el párrafo anterior. Casos emblemáticos, como dije, hay por doquier y sólo por recordar algunos, podemos mencionar al tristemente célebre sacerdote de El Bosque, Fernando Karadima, autor de múltiples abusos a menores y adolescentes desde su cargo en la parroquia de El Sagrado Corazón de Jesús de Santiago, en la calle El Bosque, quien hasta último minuto recibió el apoyo y el proteccionismo de los obispos Tomislav Koljatic y Horacio Valenzuela, entre otros, quienes indicaban en sendas misivas al gran pontonero que todo era una "*conspiración masónica y de la izquierda chilena*" (sic), según cuenta en cartas, hoy públicas, disponibles en el sitio web de Ciperchile, quienes cubrieron de manera amplia la noticia, al no tener relación con el imputado. Algunas frases de las cartas indicadas: "*He sabido ahora de que este ataque se venía preparando silenciosamente desde el año pasado. Se han coludido los medios para afirmar cosas que ellos saben son falsas, como por ejemplo la edad de las presuntas víctimas. Se ha querido convencer a Chile de que se trata de pedofilia, lo cual es falso de falsedad absoluta... Tristemente en estas acusaciones han convergido enemigos declarados de la Iglesia (masones y liberales) y más de algún eclesiástico que no comparte la línea del Padre Karadima. Se ha buscado dañar la imagen pública de la Iglesia, preparando las leyes de aborto y de matrimonio homosexual, de manera de quitarle autoridad moral para hablar al país*". Hoy, al preguntarle al respecto a través de un correo electrónico, en una escueta respuesta entregada a través de un secretario indica que "*lamenta mucho haber incurrido en un error de apreciación sin toda la información a la mano y hace mucho tiempo que tiene una opinión distinta sobre ese tema*". Para defender lo indefendible utilizó todos los medios posibles. Para desmentirse, apenas una línea en un correo privado. En la misma línea Valenzuela se refiere a la prensa: "*...Son grupos en Chile muy poderosos, que dominan magistralmente la opinión pública, ligados a la izquierda política o a la masonería, que manejan gran parte de la prensa y han penetrado de modo significativo, entre otros, el Poder Judicial. Para ellos, el ataque a la persona y a la obra del Padre Fernando Karadima ha sido una oportunidad excepcional para desacreditar a la Iglesia y quitarle toda autoridad en materias de moral que han estado con fuerza en la discusión pública de nuestra patria...*". Hasta el hoy cardenal Errázuriz le ha tendido la mano en múltiples instancias, quien, durante se sostuvo el proceso, le envió misivas con nulo o mínimo tono de corrección, reprimenda o lo que amerite en la línea de mando de esa institución. Cuando se conocieron los casos y se llevaba adelante el proceso, éste le envió a Karadima una carta saludando con un "*Estimado Padre Fernando*", seguido de abundantes bendiciones, con frases como las siguientes: "*Considero prudente la medida que usted tomó de renunciar, durante este tiempo, al ejercicio público del ministerio y si usted acepta por escrito la invitación que le hago como obispo de esta arquidiócesis de no ejercer públicamente el ministerio sacerdotal mientras este juicio no concluya, puedo prescindir de mandárselo como medida cautelar*" y finalizando con un deseo de bien: "*...Al Señor le pido por intercesión de la Santísima Virgen, que Ud. pueda estar muy cerca de su gracia, su perdón y su misericordia...*". De igual manera el actual obispo de Osorno, Juan Barros, salió en su defensa y protección. Ni hablar de personalidades militares o de índole política que prestaron ayuda en su momento al sancionado párroco.

También podemos mencionar el caso de O'Reilly, sacerdote miembro de los Legionarios de Cristo, quien gozó hasta el último momento de un apoyo irrestricto de personajes de su religión, de empresarios y hasta de líderes políticos, entre los que se destacan el diputado Ignacio Urrutia, quien votó en contra en la sesión que quitó la nacionalidad por gracia obtenida por el funcionario de esa congregación y los diputados, también UDI, Jaime Bellolio, José Antonio Kast, Felipe Ward, Arturo Squella y

Romilio Gutiérrez, quienes se abstuvieron en la misma votación. A su vez, el mismo O'Reilly entregaba su fiel protección a Marcial Maciel, fundador de Los Legionarios de Cristo, con quien convivió en México, respecto de peores abusos que los que le comprobaron a él mismo y que ejecutó durante décadas, quien a su vez fue protegido fuertemente por Ángelo Sodano, decano del Colegio Cardenalicio de esa colectividad y que ocupó el cargo de Nuncio Apostólico en Chile en el período de la dictadura de Pinochet. Sodano, quien es ampliamente denunciado en varios países del mundo como protector de pedófilos, al igual que su "enemigo" al interior de la cúpula eclesiástica, Tarciso Bertone, sobre quien además pesan acusaciones de malversación de fondos y de otra índole. La guinda de la torta: "*En los 70, la pedofilia se entendía como algo completamente en conformidad con el hombre e incluso con los niños*", frase pronunciada por la autoridad eclesiástica del Papa, extraída de su discurso habitual de fin de año, hacia sus cardenales y oficiales en Roma, el 20 de diciembre del año 2010. Si la máxima autoridad de una institución piensa de esa manera y, peor aún, lo hace público, ¿qué se puede esperar de sus subalternos que, además, deben seguir su línea? Seguir extendiendo los ejemplos muestras de este proteccionismo es ineficiente, ineficaz y, para ser sinceros, no tenemos suficiente espacio en este capítulo.

Menosprecio a las leyes

La Iglesia Católica, que en los países de occidente ostenta, gracias a la inocencia de las personas, grandes porcentajes de falsos adherentes, realiza día a día en sus acciones y omisiones un profundo menosprecio a la institucionalidad de un país y sus autoridades y leyes, bajo la paciente y aceptada observación e inacción de los mismos habitantes. Esto se ve representado cuando, en actos a los que se les permite asistir o son invitados, los clérigos inician sus alocuciones con un discurso algo inocuo, inofensivo y hasta comprensivo, para luego convertirlo en un disparo de un arma potente con su mira puesta en los propios personeros que representan al estado de un país y se procede a juzgarles públicamente, reprenderles y, cuando menos, corregirles sus acciones en el trabajo de dirección de un país. En resumen, se les entrega una licencia y terminan vociferando en contra quienes les dieron y/o mantienen esos permisos, encima inadecuados y muy poco propios de una república o un estado. Basta una repasada de los discursos de los cardenales al respecto en el anacrónico, desubicado e incluso insólito, (considerando que sólo seis países en todo el mundo, incluyendo el nuestro, tienen ceremonias similares) Te Deum o acto religioso para un hecho republicano como es la celebración de la independencia de un país o acto republicano similar. Ezzati este 2016, frente a la presidenta y en medio de la discusión política del proyecto de aborto en 3 causales, que nos sacaría del inefectivo y segregador actual estado legal donde nuevamente somos parte del grupúsculo de 5 países en el mundo donde es penalizado en todas las causales, se da maña e indica en su discurso: "*... y, desde lo más profundo de nuestra conciencia de hombres y mujeres que buscan unir fe y razón, esperamos que crezca el debido reconocimiento y respeto al derecho a la vida, desde la concepción a la muerte natural...*" en clara alusión al proyecto indicado, al igual que el 2015 donde sostuvo en la misma ceremonia: "*De Dios Padre creador recibimos la vocación de cuidar la vida. Es lo más sagrado que hemos recibido y Dios no ha delegado en nadie ni el control ni el señorío sobre la vida*", como si la figura central de la creencia cristiana fuese arte y parte de una decisión, a mi entender, completamente individual en el caso de la madre soltera y violentada sexualmente y de ambos padres en la difícil decisión de priorización médica respecto a las vidas del embrión y la madre o en el caso de muerte anticipada del potencial neonato habiéndose detectado una complicación de carácter también médico. En otro ámbito, algunos años atrás el Comité de Protección de los Derechos de los Niños, de la ONU, dio a conocer un informe en el que critica el comportamiento del Vaticano por la adopción de prácticas y políticas que permitían la continuidad de abusos a menores sin tomar las medidas pertinentes y protegerlos de las autoridades y poderes locales, sean de justicia o policiales, refrendando lo aquí constatado, que es el menosprecio a las instituciones de un estado. De hecho, fueron citados y oficiados para declarar en la comisión en la misma ONU.

Recogiendo ejemplos de otras latitudes puedo comentar los casos de Oscar Rodríguez, cardenal de Tegucigalpa, quién en medio de una acusación de pedofilia en Costa Rica declaró públicamente que "*los sacerdotes no debían ser entregados a las autoridades civiles*" y que para él "*sería una tragedia reducir* (sic) *el rol de un pastor al de un policía. Somos diferentes y prefiero prepararme para ir a la cárcel antes que hacerle daño a uno de mis sacerdotes*", indicó. Si eso no es menosprecio al poder de la autoridad de un país, no sé qué es. Quedo abierto a sugerencias al respecto.

En Perú, la alta administración de la repartición religiosa de ese país se dedicó por años a proteger y transferir de localidad al sacerdote salesiano Carlos Peralta, quien fue sorprendido con un menor en su dormitorio y se hicieron múltiples denuncias de estudiantes afectados. Fue encubierto en diferentes escuelas de la congregación salesiana, en Argentina, Guatemala, Chile (en San Juan Bosco) e incluso en Estados Unidos y México, burlando la investigación, obstruyendo la justicia, nuevamente en un total menosprecio por la institucionalidad y faltando el respeto a las autoridades civiles y policiales en su intento de no desprestigiar aún más a la institución a la que pertenecen y cuya reputación al respecto está ya bastante deteriorada.

La tarea de los legisladores

Ejemplos como los anteriores, como indiqué, son posibles de recoger tan sólo abriendo un periódico local o buscando en internet. De hecho cuando buscan "Casos de pedofilia" en Google, el buscador más utilizado de la internet y el más acucioso según su tecnología de búsqueda y cantidad de páginas web indizados, es posible ver en sus primeras páginas sólo casos referenciados a la iglesia católica a nivel latinoamericano (considerando que se buscó en idioma español) y cuesta bastante trabajo encontrar uno de algún otro reo que no pertenezca a dicha institución.

El Estado o el conjunto de Estados en los que las iglesias gozan de privilegios inéditos comparados con otras latitudes o con el "deber ser" de un estado laico por definición, deben empezar cuanto antes un proceso en el que se busque la revisión de los privilegios inadecuados a un estado separado de la religión con tal de abolir lo anómalo que pueda descubrirse y velar porque ni la iglesia católica, de algún otro credo o cualquier otra institución, corporación o fundación, cualquiera sea su fin, tengan privilegios ya sean legales, económicos, políticos o sociales que no sean propios de los inherentes a una república. No es posible que se continúe haciendo "vista gorda" o dejando pasar situaciones que puedan continuar dañando la convivencia social de todos los habitantes de un país y con el merecido respeto a cada una de sus características, sin menosprecio ni diferencia de raza, credo, nacionalidad, género, tendencia política o cualquier otra cualidad propia de los individuos.

El respeto a las leyes de una nación parte por cada uno de nosotros y de las instituciones que le conforman, para ser, en última instancia, velados por los organismos y poderes propios de un estado, haciendo valer su condición de tales. Sí y sólo sí, de esa manera es que se avanzará en las sanas vías de la tolerancia y respeto del otro en toda su dimensión, asegurando igualdad ante las leyes y ante cualquier otro poder ya sea entre personas que pertenezcan o no a alguna institución y sus contrapartes.

Las cartas están en la mesa y sólo falta la voluntad política y la conciencia de los legisladores en torno al respeto por su cargo, el cual está por sobre sus creencias personales, en el entendido que gobiernan para un país completo, no para un sector político, de credo, de gremio o cualquier otro parámetro de división o encasillamiento. El llamado es a la profunda reflexión sobre la importancia de hacer respetar la condición laica de los Estados.

Epílogo

Francisco Javier Cartes Aburto aún posee inhabilidades para trabajar con menores de edad, según consta en consulta realizada el 12 de julio del 2020 al Registro Civil de Chile.

Consulta inhabilidades para trabajar con menores de edad

Estimado(a) usuario(a):

El Servicio de Registro Civil e Identificación informa que el Sr.(a):

RUN **8.993.469-9**
NOMBRE **FRANCISCO JAVIER CARTES ABURTO**

SI registra inhabilidades para trabajar con menores de edad.

Fecha 12 julio 2020, 17:25 hrs.-

En nombre de Dios

Estación enero 2017

Si hay algo que caracteriza a las cúpulas de las instituciones religiosas es la sensación individual o propia de que son superiores al resto o que se encuentran un peldaño más arriba en la escala humana, ya sea en los mal llamados temas "valóricos", de conocimiento, en temas éticos o un sinfín de otros donde se autodenominan padres, guías, pastores o algún otro sustantivo similar. Eso sin contar lo más importante que es ese sentimiento particular de sostener tener *la verdad* de la vida, muy propio de cualquiera de las tres religiones absolutistas y exclusivistas lo que, lógicamente, no es tal.

De hecho es esta superioridad la principal base sobre la que construyen todo el mito central del dogma, con tal de dar a sus adherentes la sensación de infalibilidad y poder hacer valer, al menos frente a ellos, la posición de guía espiritual que buscan. Es esta la cualidad que hace pensar a los sacerdotes, con o sin cargo en la jerarquía eclesiástica, que pueden huir de la justicia civil o que como miembros de dicha institución son intocables.

Lo anterior sumado a los privilegios de los que gozan como institución de parte de los estados, les permite realizar movimientos para ocultar gente cuando éstos se ven enfrentados a procesos judiciales en algún país. Como sociedad, claramente hemos influido en esta situación, puesto que aparte de la consideración que se les hace al incluirlos en ceremonias de estado, de los privilegios impositivos y económicos que se les otorga, de propiedad privada y comunicacionales, es la población en general la que les entrega el mayor privilegio, a veces por desconocimiento o por la sensación de que es inofensivo cuando en realidad no lo es, al declararse como pertenecientes a sus filas cuando en la práctica no profesan esa religión en particular. Me detendré un instante en este punto, dada su relevancia.

El censo 2012 muestra que un 12% de la población ya directamente se manifiesta como no perteneciente a una religión, comparado con el 8,3% del año 2002. Y aunque las que indicaron católica bajaron de 69% a 67%, ese porcentaje encierra un número no menor de casos en los que, por decir algo, se les incorporó aun sin ser feligreses activos. De hecho, si lo fueran, deberíamos ver ese mismo porcentaje de personas en los templos de ese dogma y se mostrarían llenos hasta sus puertas, estilo metro en hora *peak*. La realidad actual muestra las 5 primeras filas, si hay suerte, con gente. El resto está vacío. A continuación unos ejemplos. En eventos de estado como los censos, muestreos realizados por privados, encuestas o estudios de opinión, etc. la gente marca pertenencia a algún credo en particular al declararse, por ejemplo, católico, sin realmente serlo, en cuanto no asisten ni regular ni ocasionalmente a sus ritos, no forman parte de algún grupo ligado a ellos ni similar. Normalmente se hace aquello por un tema de comodidad, de temor ante el desconocimiento del uso de la encuesta, por costumbre o simplemente por facilismo, para evitar posibles consultas asociadas. Con ello, la globalidad de un censo elimina la especificidad y otorga finalmente un peso específico a la religión, en particular a la católica, que en realidad no tienen.

Es posible comprobar aquello haciendo el simple ejercicio de acercarse a los templos de los distintos credos, los cuales están cada vez más vacíos o menos concurridos, salvo para los eventos que, de hecho, han sido continuados más como tradición que como rito particularmente religioso, como por ejemplo los bautizos de los infantes, sin que la gente aun entienda el concepto real tras ello y lo nocivo que puede llegar a ser para un país en general, en cuanto al bautizar a lactantes se les inscribe automáticamente en la religión en que lo hicieron, de nuevo principalmente la católica.

Otros actos similares son los matrimonios y las defunciones. En particular este último ítem, en momentos en que escribo este capítulo, acaba de sufrir un “cambio” en las reglas, puesto que desde la autoridad papal se informa que, bajo pena de suspensión del funeral, se prohíbe la tenencia de cenizas en casas o esparcimiento en mares o lugares no sagrados. Sólo está permitido mantenerlas en lugares destinados para ello, pertenecientes a sus corporaciones y cementerios. Se comprende el motivo de fondo. En el mar no hay que pagar. ["Instrucción Ad resurgendum cum Christo", 2016]

Por otra parte, la sensación de superioridad o complejo de la misma es, lamentablemente, hereditario por decirlo de alguna manera. De hecho, lo peor es que esta característica inherente a las cúpulas eclesiásticas es traspasada a sus adherentes y es lo que hace aún más dañina a las religiones, en particular las tres absolutistas. Es por ello que la intolerancia, violencia y la falta de entendimiento, son características principales de sus fieles y son quienes protagonizan los peores hechos en la sociedad, puesto que al no ostentar cargos ni tener imágenes que cuidar dan rienda suelta a los vicios que fácilmente se adosan a esta superioridad mal comprendida e inexistente. Con ello los casos de violencia ligados a la intolerancia o no aceptación del punto de vista de otro ciudadano, crecen día a día, sin tener contrapeso alguno, pese a que en parte el poder legislativo intenta corregirlo mediante la imposición de leyes al respecto.

Hoy se avanza en la línea del matrimonio igualitario y ya está dictada la de Acuerdo Civil, que "parcha" el momento actual, terminando en parte con la discriminación a las personas con sexualidad distinta a la heterosexual. Por otro lado, se avanza en la ley de género para evitar las discriminaciones de quienes nacen con un género social en particular que no es el propio que dicen tener, entre otros casos.

Aun con esas leyes en curso, las cuales son además blanco de ataque de las cúpulas de las administraciones de distintas religiones, clásicos oponentes a la aceptación de la diversidad entre otros temas, y sin la necesidad siquiera de mencionar los casos de los extremistas islámicos, basta una simple conversación con un ciudadano creyente y contarle acerca de tu agnosticismo o ateísmo para que se eleve en la tarima de la superioridad moral y, casi en modo de reprimenda, devuelva un extenso sermón cargado de amenazas con los infiernos propios de cada credo, los que van variando acorde a la religión particular que profesa.

A modo de paréntesis, un creyente profesor de filosofía de una institución ligada a la Iglesia Católica, desde lo más alto de esta tarima de la superioridad, escribió en un diario impreso una carta donde indicaba que por "sentido común" el dios de su religión existía, que quien decía lo contrario era ignorante y que no había que seguir indagando en esa línea, echando por tierra siglos de investigación científica, de trabajo de escuelas filosófica y de otra índole, respecto al origen de la vida, a las divinidades y los temas supraterrenales. Cometió errores técnicos en citas de Platón y Aristóteles, pero eran lo de menos tras menuda frase.

Lo más jocoso de la situación es que El Mercurio publicó esa carta y no las numerosas cartas de respuesta que llegaron en respuesta y que fueron escritas, en parte, en los comentarios en el sitio digital del periódico. Esa violencia e intolerancia no aparece solo al hablar acerca de la no pertenencia al mundo de los creyentes, sino, por ejemplo, se podrían comentar temas de actualidad, de diversidad, de reproducción, derechos de la mujer, etc. y el fenómeno que observará será el mismo.

La religión es una de las principales instituciones que fomenta el miedo, el rechazo, la intolerancia y enfrentamiento entre las personas y todo ello, por el simple hecho que la población en general no indica que, en realidad, aun siendo creyente, no profesa la religión X en particular. Además, debido a esa superioridad falsa que creen poseer las autoridades de cada credo se dan maña para intervenir en discusiones sobre leyes, políticas públicas, entre otros campos, que no le son propios, en un estado laico o declarado como tal.

Lo anterior nos hace preguntar, a quienes deseamos tener un estado donde los privilegios no existan ni para personas, cargos ni grupos organizados o no, si acaso existen herramientas que permitan a un país prevenir o remediar estos sucesos. Y en realidad sí existen muchas medidas que permiten a un estado mitigar esta situación o remediar sus causales y a nosotros como miembros de una sociedad también. En particular reitero el llamado a las personas que no profesan un credo a realizar el acto de apostasía, el cual describí paso a paso en un capítulo anterior.

El proyecto o moción levantada por una diputada de la república que solicita eliminar la frase "en nombre de Dios" de nuestras sesiones legislativas es un gran avance que, aunque se vea cosmético o menor, es un paso adelante en remover alusiones religiosas que no corresponden a un estado laico como el que decimos tener. Y, de hecho, las propias autoridades eclesiásticas lo han notado puesto que salieron con fuerza a defender la mantención de la frase desde todas sus bases y escudándose en las tradiciones o antigüedad del tema, como si todo lo antiguo fuese bueno por el solo hecho de haber sido instaurado años atrás. Con esa justificación seguirían vigentes la esclavitud, el no respeto a los derechos de la mujer, las jornadas extensas e incontroladas de trabajo e incluso la adoración a dioses pretéritos para hechos naturales como la lluvia y el viento o las "ofrendas" humanas, entre otros, sin mencionar la validez de las hogueras para los "disidentes", incluso de sus propias filas, como cuenta la historia de Giordano Bruno, por nombrar un caso.

También se puede participar opinando en redes sociales, elevando cartas a los periódicos, aprovechando cada espacio de opinión del que dispongamos para hacer sentir al gobierno la importancia de separar las religiones de los actos de estado. Así como cada septiembre son más las voces que se elevan para cambiar los *tedeums* por una ceremonia de celebración republicana e inclusiva.

Modificar la obligatoriedad de catecismo disfrazado de clase de religión por una clase de filosofía y valores o de estudios de las religiones desde el punto de vista histórico. No declararse partícipe de un credo particular si es que en realidad no participa de él en los censos o símiles. Tal como planteó Daniel Dennett desde el NY Times en su artículo *The Bright Stuff*, es tiempo de que quienes no son creyentes "*salgan del closet*" y manifiesten sus posturas. "*Podemos ser una fuerza poderosa simplemente identificándonos nosotros mismos (brights)*".

En resumen, son muchas las acciones que se pueden tomar y apoyar para eliminar los privilegios inexplicables que gozan algunas instituciones religiosas y como ciudadanos tenemos el deber de hacer respetar la condición de estado laico que tanto costó lograr y que muchas veces es pasada a llevar por acción u omisión y que, de paso, altera nuestras vidas retrasando o incidiendo en leyes mediante presiones a parlamentarios, promoviendo figuras de culto en lugares públicos, entre otras manifestaciones de intervencionismo religioso en un estado laico.

En nombre de dios se debe abrir una misa, celebraciones religiosas privadas o un rezo particular, no una sesión legislativa de un país.

Epílogo

Al menos hasta el año 2020 las sesiones legislativas del Congreso se siguen abriendo en nombre de la deidad cristiana de turno y el proyecto de ley del boletín N°10925-16[3] que modifica el Reglamento de la Cámara de Diputados, para suprimir la invocación a Dios en la apertura de sesiones de Sala y comisiones aún sigue en estado de tramitación.

Tramitación

Fecha	Sesión	Etapa	Sub-etapa	Documento
11 Oct. 2016		Primer trámite constitucional / C. Diputados	Ingreso de proyecto	Ver
12 Oct. 2016	82ª / 364	Primer trámite constitucional / C. Diputados	Cuenta de proyecto. Pasa a Comisión de Constitución, Legislación, Justicia y Reglamento	

3 https://www.camara.cl/legislacion/ProyectosDeLey/tramitacion.aspx?prmID=11406&prmBoletin=10925-16

¿Por qué aún existe la religión?

Estación mayo 2017

Por efectos de alcance, tengo que limitar el uso de la palabra religión a su sentido básico y simple, que es el que aparece de manera textual como primera acepción en el diccionario de la RAE, es decir, "*Conjunto de creencias o dogmas acerca de la divinidad, de sentimientos de veneración y temor hacia ella, de normas morales para la conducta individual y social y de prácticas rituales, principalmente la oración y el sacrificio para darle culto*". Por tanto, consideraremos aquí la respuesta a esta pregunta para ese concepto de religión y no a otro concepto más elevado y/o amplio de la misma palabra.

Si bien la respuesta a esta pregunta ya la entregó hace casi un siglo el filósofo, matemático, lógico y escritor británico Bertrand Russell en un set de publicaciones y conferencias condensadas en un libro que se llamó "Por Qué No Soy Cristiano", el año 1927, y cuya tesis que comparto, sindicaba a el miedo principalmente como el principal factor. En una conferencia a la que asistí hace poco, se reflotaba la pregunta y creo menester ahondar mayormente en ella como excusa para escudriñar viejos apuntes y aportar a las nuevas generaciones lectoras de esta importante publicación e invitarles a meditar en torno a ella.

"*La religión se basa, principalmente, a mi entender, en el miedo. Es en parte el miedo a lo desconocido, y en parte, como dije, el deseo de sentir que se tiene un hermano mayor que va a defenderlo a uno en todos sus problemas y disputas. El miedo es la base de todo: el miedo a lo misterioso, el miedo a la derrota, el miedo a la muerte. El miedo es el padre de la crueldad y, por lo tanto, no es de extrañar que la crueldad y la religión vayan de la mano*" (Russell, 1957).

Este extracto del libro antes mencionado de Russell constituye la razón principal del motivo entre los ciudadanos a pie de por qué pertenecen a esa religión y/o a otra. Y si el argumento tal fue válido en la década del 20 del siglo pasado y previo a ella, es complejo explicar por qué sigue siendo válida aún en los tiempos actuales, aunque en menor proporción con aquel entonces. ¿Por qué sigue siendo válido el temor? es una pregunta con la que he reflexionado en distintas ocasiones y quizá por mi formación netamente técnica me es más complicado asimilar la respuesta al hecho. Como estudiante, egresado y titulado de una ingeniería, con ciencias exactas y exceso de lógica en ella es complejo, anacrónico y hasta contraproducente para la profesión buscar razones extraterrenales para explicar orígenes, causas y/o comportamientos de hechos naturales. Ello extrapolado a una de las preguntas fundamentales de la humanidad respecto al origen de la vida, conduce evidentemente a una explicación científica, hoy cubierta racional y certeramente por el Big Bang y complementada en "Un universo de la nada" por Lawrence Krauss.

No obstante no pretendo, ni en lo más mínimo, dedicarme a responder esa pregunta en este apartado, sino a explorar por qué el miedo sigue siendo un factor en la población. Hoy ya se encuentran explicados científicamente y con un margen de error despreciable casi en absoluto, pese a la premisa de la ciencia de buscar y rebuscar explicaciones aun cuando ya estuviesen resueltos la casi totalidad de fenómenos naturales de cualquier índole: estacionales, espaciales, naturales y todos los "ales" que a uno se le puedan ocurrir.

Hoy, salvo excepciones, la gente no teme al otrora dios del rayo, ni del trueno ni cree en solicitudes de lluvia o castigos de sequía de deidades pluviales por "mal comportamiento" o escasez de sacrificios, por suerte. De la misma manera, salvo situaciones jocosas (espero), la gente entiende que el trabajo y esfuerzo personales son claves en el éxito en la actividad en la que uno se encuentre y si hay fracaso en alguna de ellas existe una explicación lógica y no es causal de la ira de Thor, Loki, Zeus, errores en la Matrix ni enfados del dios local correspondiente.

Sin embargo, el temor a la muerte -que en la más humilde de mis opiniones, no es más que el fin del proceso químico, físico y temporal que nos ubica en la misma estación de espacio-tiempo a unos y otros- permanece casi inalterable en nuestra población y la creencia en la vida más allá de este espacio terrenal es fuerte y es la base de dichos tan populares como "todos son ateos hasta que cae el avión" o similares. Aquí es justo donde quiero detenerme con tal de enumerar algunos hechos que pudiesen explicar, al menos parcialmente, la existencia de este temor que, espero las siguientes generaciones almacenen en un libro de chistes del pasado, como hoy nosotros lo hacemos respecto a los politeísmos de antaño.

El primer factor, clasificado por importancia y alcance, es el efecto de la educación en el miedo que promueven las religiones absolutistas en infantes y que hábilmente han logrado perpetuar, sobre todo en países de América Latina, donde el respeto al estado laico tiene poco o nada de efectividad y es más que todo una mera declaración de intenciones, pisoteada sin asco por la realidad. Sólo a modo de ejemplo, pues el tema es bastante extenso, es Chile uno de los escasos seis países en que una de las principales festividades republicanas es realizada por un credo rodeado de actores políticos y, paradójicamente, garantes de la consolidación de un estado laico.

La religión y en particular sus cúpulas detectaron sabiamente que si plantaban la semilla del miedo desde que nuestras mentes son más moldeables y permeables, es decir, desde la niñez, esta germinaba fecundamente en la adultez y permite la perpetuidad del dogma particular de su congregación. Y lo hacen no sólo de manera particular en cada uno de los templos a los que asiste voluntariamente parte de la población, aunque en los niños eso de la voluntariedad es discutible al menos, sino que además lo hacen, por ley y amparados nuevamente por sus reglamentos civiles, en uno de los pilares más importantes de una sociedad, como lo es la educación básica, incluso prebásica, media y hasta la superior.

No son pocos los estados en nuestro continente cuyos colegios deben incluir el dogma del credo local en sus planes de estudio, aunque con la opción de exclusión. No obstante esa exclusión es abiertamente discriminatoria y además ineficiente e ineficaz. Discriminatoria porque obliga al apoderado a firmar documentos o realizar peticiones expresas para que el pupilo no forme parte de la asignatura y sea sindicado o apuntado por el resto, lo cual para un niño sobre todo tiene un efecto psicológico fuerte, que puede ser motivo de columnas, artículos y estudios paralelos latos. Ineficaz e ineficiente además, porque la misma ley, al menos en nuestro país, obliga al colegio a que ese alumno realice una actividad paralela en otra sala y con otro docente, a sabiendas que no es "rentable" para un colegio en una educación mercantilizada y es una regla que muy pocos colegios pueden cumplir, por lo que, de igual manera el alumno debe permanecer en la sala y escuchar acerca de los relatos del profesor que dicta la "cátedra" del credo elegido por el establecimiento.

Del desprecio y poca preocupación de nuestra clase política y legislativa al respecto tampoco explicaremos mucho más, pues nos llevaría una tesis completa. En resumen, para el primer punto, vemos cómo la agudeza del clero plantó su semilla en la educación y comienza, sin que los alumnos y niños lo elijan, a repetir sus relatos para que hagan eco en el futuro y lamentablemente con éxito, según vemos.

El segundo factor, lo constituye el hecho resumido lúcidamente por Einstein cuando dijo "es más fácil creer que pensar". Ante la imposibilidad actual, dada la "juventud" de la humanidad en comparación con el multiverso en el que habitamos de responder con exactitud la pregunta sobre el origen, sumado a la pereza intelectual a la que, a veces, nos somete la vorágine en la que vivimos dentro de la espiral capitalista actual.

Esa incapacidad en la que estamos sumidos hoy como sociedad permite ser claramente aprovechada por los mandamases de los ritos para recitar con extrema puntualidad y persistencia las "bondades" de unirse a sus filas y ser parte del "privilegiado" grupúsculo que será "salvado" cuando bajen las lenguas de fuego y siete tempestades de su dios y sean cambiadas por pasto, sol y felicidad mientras el resto zozobra. No haré énfasis en el supino egoísmo que se esconde tras esa promesa ni en lo cruel de la situación de alguien "supuestamente" bondadoso y lleno de amor y piedad.

De hecho aún existen, por ejemplo, religiones pregoneras de catástrofes cercanas dentro del cristianismo occidental, como la adventista del séptimo día, testigos de Jehová, entre otras, y no poca gente que confía en aquel discurso y lo hace propio y parte central de su vida. Debo indicar que en la frase anterior no existe descalificación, sino más bien sorpresa, para efectos de malentendidos o interpretaciones. Como dijo Richard Dawkins, biólogo evolutivo y científico británico, en uno de sus libros, "*no puedo negar la existencia de Dios, ni de la Tetera de Russell, ni del Monstruo del Espagueti Volador*", lo cual deja abierta la puerta a un sinnúmero de ejemplos en esa línea, y por ese motivo es que no nos centraremos en esa explicación propiamente tal, remarcando su carácter de ejemplo. Y aquí la función del estado en particular no es menor, pues debería preocuparse de elevar los estándares del país en cuanto a educación, lectura y promoción de la actividad más fecunda del ser humano, como lo es el pensar.

El facilismo dado por la premisa inicial es permeable sólo en aquellos reacios a ese acto tan sublime de nuestra existencia o aquellos cuyas bases fundamentales son simplistas y cuyos objetivos están en absoluto centrados en otras latitudes lejanas a los tópicos de origen, existencia, entre otros menos cotidianos pero más profundos y concienzudos. Dejemos de ser como el Unicornio en Cautiverio del The Cloisters. La reja es lo suficientemente baja para saltarla. La soga en el cuello no está apretada. No hay guardias armados que amenacen la vida alrededor ni algo/alguien que pueda someternos al punto de la pasividad.

El tercer factor está ligado plenamente a la arena política y legislativa de una nación. El clero entendió hace bastante más tiempo que el librepensamiento, que las políticas de una nación, pese al reconocimiento, pregón y estampa de Estado Laico, con todo lo que implica, son claves en la permanencia o no de ellas. Conscientes que la asistencia voluntaria a los templos de cada credo es cada día menor, al punto de encontrarlos casi vacíos, la directiva de las principales congregaciones dogmáticas recurrió a los contactos con no poca influencia en el ámbito legislativo y político y dirigieron sus esfuerzos a esas personas con tal de lograr los beneficios de los que hoy gozan y que les permite continuidad en el giro.

Exención de impuestos como ninguna otra institución particular goza, como institución "sin fines de lucro" (el entre comillas es para extensión de cada uno), aparición y no secundaria en una serie de actos republicanos, políticos tanto en persona, con invitados representantes, agregados y hasta consultores, como en forma, siendo mencionados las deidades respectivas en actos de naturaleza intrínsecamente laica y en representación de un estado compuesto por personas las que, aun siendo mayoría, no representan la totalidad y, de alguna manera, se violan los principios individuales tanto de asistentes presenciales o no.

Aún existen sesiones legislativas abiertas en nombre del dios cristiano, así como otras representaciones anquilosadas que, acorde a lo que indica un real estado laico, debiesen no existir. Pequeños templos de distintos credos presentes en la milicia de un país, solventada con gastos públicos, cesiones de terrenos, reparación de inmuebles y hasta candidatos presidenciales con frases nefastas como "*en mi gobierno no me apartaré un ápice de la biblia*", la que por supuesto fue aplaudida a rabiar por la curia. Al estar la clase política tan embebida en proyectos cortoplacistas con miras a la siguiente elección, se olvidan los proyectos país que son de largo plazo y que son los que de alguna manera moldean a las sociedades futuras. De hecho, el no tener proyectos en esta línea hoy permite la existencia o continuidad de las religiones, entre otros argumentos y con el alcance inicialmente estipulado.

La invitación a las personas es simple. Dejar el miedo a lo desconocido atrás, enfrentar la vida con sus bemoles y sostenidos como un todo orgánico y sintético pero a su vez individualmente disperso, libre y extendido, sin causalidad digitada ni predeterminada, donde los actos de cada uno tienen efecto tanto en la vida personal como en la comunidad y donde ser virtuoso no es una capacidad exclusiva de un creyente, sino al contrario, pues en la virtuosidad de un no creyente no se esconde el miedo a infiernos, gehenas, yahannaames, sheoles, tártaros, vapores eternos de la tetera de Russell, ni volcanes de cerveza caliente, sino es más bien una muestra de humanismo puro y palpable, que trae muchos menos conflictos, guerras y muertes que alguna religión.

Revolución Francesa y Laicismo

Estación julio 2017

La toma de la Bastilla en Francia, un 14 de julio de 1789, hace casi exactos 228 años atrás, marcó el inicio del triunfo de la denominada Revolución Francesa contra la monarquía absoluta que, en ese entonces, tenía a Luis XVI como rey. El efecto se fue sucediendo a través de los pueblos, quemando títulos de esclavitud, de tierras, caducando los títulos hereditarios y, de paso, dando fin al feudalismo imperante.

Así, entre tantos acontecimientos relevantes que surgen en el ámbito administrativo de la nueva Francia, uno de los temas que adquiere más fuerza es la separación de la iglesia y el estado, algo sobre lo que siempre había insistido Voltaire y que de alguna manera había previsto: "*Todo cuanto veo a mi alrededor está echando las simientes de una revolución que es inevitable, aunque yo no tendré el placer de verla. El relámpago está tan a la mano que puede surgir a la primera oportunidad y luego se oirá un trueno tremendo. Los jóvenes tienen suerte, pues han de ver cosas magníficas*".

De esa manera, tras la revolución que tan hondo calara en el sentir del pueblo europeo en general, en Francia se inició un proceso de descatolización después que la Declaración de los Derechos del Hombre y del Ciudadano diera validez a los principios de libertad de conciencia, de culto y de pensamiento, previamente enunciados por los filósofos de la Ilustración.

La Iglesia Católica era propietaria, hasta antes de la Revolución, de enormes extensiones de tierra en condiciones privilegiadas y de exención de impuestos que sólo compartía con la nobleza, característica que mantiene hasta el día de hoy en muchos países. Si bien la separación llevó más tiempo del deseado por los impulsores de la revolución, que veían en la Iglesia Católica un enemigo del pueblo por la estrecha relación que mantuvo con el poder absolutista del rey, se plantó la semilla que nos permite hoy, tras dos siglos, hablar en occidente de estado laico, no sólo de manera natural y contemporánea, sino además como cualidad inherente al concepto moderno de nación.

Fueron la Ilustración con su aporte teórico y la revolución con la praxis, las que establecieron los pilares de lo que hoy podemos disfrutar como ciudadanos, aunque como hemos comentado en capítulos anteriores, más en el papel que en la práctica. ¿Qué tamaño tendría un árbol plantado hace 228 años? ¿No es acaso lo suficientemente visible como para ser ignorado?

Retomemos la última frase: "*más en el papel que en la práctica*". ¿Por qué, incluso reconociendo un cierto tono de resignación temporal, señalé aquello? La respuesta, con algo más de desidia que la pregunta, es más o menos simple, aun cuando para quienes promovemos el librepensamiento e intentamos hacer respetar el estado laico, sea difícil de entender. La ciudadanía no ha logrado poner cotos y límites, como sí lo hizo la revolución, aunque el método con que sueño es netamente político, social y encauzado en los estrictos cánones de paz con que vivimos. Lo anterior para evitar cualquier suspicacia que pudiese haber emanado de alguna mente vehemente. Uno nunca sabe.

Es la misma sociedad actual que, enajenada en la espiral de consumismo que promueve el actual modelo económico, carece de tiempo en su agitada vida personal para alzar la voz a través de los canales a su alcance.

Nuestra actual forma de vida suele privarnos de disfrutar y compartir con la familia, de sembrar a lo largo del diario vivir la semilla del interés por conocer en nuestros hijos, de desarrollar la necesidad del librepensamiento, de la misma manera que se abren pocos espacios para el crecimiento literario, para el estudio, para el arte de pensar. Es más fácil y apetecido para niños y adultos el acceso directo a la información corta, de rápido tránsito, tanto en la lectura como en el almacenamiento gris interno. Puede haber más razones, sin embargo, creemos que así como la "revolución pingüina" puso en el tapete la necesidad de una educación gratuita y de calidad, independiente del resultado temporal final, hoy se hace más necesario que nunca que la ciudadanía despierte también estos temas y los ponga en la agenda, pues los medios de prensa tradicionales, controlados por intereses contrarios al bienestar de la mayoría, seguirán evitándolos. De hecho, recuerdo, un periódico que, justamente con ese argumento, se negó a publicar una carta al director en la que hablaba de apostasía, la cual podría ser hoy la punta de lanza para lograr objetivos concretos.

Hasta el día de hoy, como ocurriera en los siglos anteriores a la Revolución Francesa, el clero sigue alegando privilegios en razón a la "mayoría" que declaran tener, de acuerdo con la cantidad de bautizados existentes en sus registros. Nuevamente me permito invitarles a leer un capítulo anterior de mayo del 2015: "Crónica de una apostasía". En él expuse una guía, paso a paso, para realizar el trámite en Chile que nos devuelve nuestra identidad laica y laicista con que realmente nacimos.

Volvamos a lo que nos convoca. El primer párrafo indicaba que ya hace 228 se había iniciado este proceso y, aún hoy, no lo vemos concluir ni se ven atisbos en el corto plazo para que ello ocurra. Si bien naciones como Uruguay o la misma Francia ya nos llevan muchos pasos adelantados, todavía existen países como el nuestro, donde el clero local sigue imponiendo sus términos a través de la vía legislativa, donde hacen nata los políticos que mezclan su popurrí de creencias personales con su labor pública propiamente tal, para la que fueron electos, con los efectos nefastos que continuamente nos proporcionan los medios audiovisuales y escritos.

Así no es difícil recordar a candidatos a la presidencia de un país que aseguraban que "*no se apartarían un ápice de la Biblia*", otros que llamaban a no respetar la ley y no entregar la píldora anticonceptiva de emergencia en hospitales públicos y la guinda de la torta, por lo reciente, otro candidato a la presidencia que señaló "*las mayorías no pueden hacer cualquier cosa*". ¿Qué tendríamos que esperar entonces? ¿Que las minorías sigan anclando a Chile en el anquilosado grupo de los 5 países que penaliza todo intento de interrupción del embarazo? ¿Para qué entonces está el, a veces con justa razón, vilipendiado poder legislativo?

La encuesta Cadem de julio del 2017 fue categórica en las cifras de apoyo al proyecto y sólo un 25% lo rechazaba, con un 70% que estaba de acuerdo. Es decir, casi 3 personas de 4 en Chile están de acuerdo con la despenalización del aborto en las 3 causales que hoy se plantean, e incluso un alto porcentaje indica que en otras circunstancias también es posible que se pueda interrumpir el embarazo.

Aún con esa elocuente voz de la ciudadanía, sus representantes no se encontraron a la altura y no fue aprobado en esa instancia. Y no solo no fue aprobado, sino además tuvimos que soportar latas invocaciones a la deidad de turno espacio-tiempo de parte de legisladores. De esos mismos legisladores que, paradójicamente, votaron en contra la otrora ley de divorcio y hoy se encuentran entre los que la utilizaron. Ese es el nivel de inconsecuencia de Allamand, sólo por poner un ejemplo.

¿Hasta cuándo tenemos que esperar que nuestros representantes se pongan su traje de legislador para un país entero y de una buena vez "hagan su pega" profesionalmente, como corresponde? No me referiré en este momento a los miembros el Partido Radical que, dada su misión particular en el trasfondo de estas iniciativas, se "parearon" y permitieron que la ley tuviese que ir a comisión mixta.

A diferencia de Voltaire, en tiempos pretéritos, hoy todo cuanto veo a mi alrededor se aleja de las simientes del laicismo que como sociedad nos merecemos, por lo que yo no tendré el placer de verla. Aun sin perder la confianza en la humanidad y en mis coterráneos, creo que el relámpago no está tan a la mano.

Aun así, quiero pensar que los jóvenes tienen suerte y puedan ver en el futuro lo magnífico de una sociedad tolerante, inclusiva, acogedora y respetuosa de cada pensamiento, sin barreras ni coerción alguna, con niños cuyas ideas de sociedad hayan sido fraguadas en sus mentes ilimitadas y limpias, donde ninguna persona vea que su culto (o abstinencia de una fe) sea pasado a llevar por otro y se encuentre bien acogido en el seno individual de donde nunca debió salir.

El Lenguaje del Odio

Estación Septiembre 2017

"En medio de esta gran guerra entre musulmanes y cruzados, llega el llamado de cada una de las partes para confrontarlas". Y el Sheikh /"respetado"/ Usama (que Allah tenga piedad de él) llevó este llamado directamente hacia los musulmanes, que hicieron temblar la tierra y aterraron a los líderes de los kufr /"infieles"/ liderados por América (EEUU). Y el llamado de la verdad incitó a la comunidad islámica musulmana a levantarse y defender su tierra, gente, santidad y religión

Y tras ese llamado vino la revista Inspire, fundada por Sheikh Anwar Al-Awlaki (que Allah tenga piedad de él), recordando a los musulmanes del Oeste el deber que su religión les ha impuesto y la obligación de pelear la Jihad / "guerra santa"/ en contra de la opresión.

La revista publica varios métodos militares y vías de cómo infligir daño en el enemigo, con instrucciones que ayuden a los musulmanes del oeste a implementarlos.

A continuación presentamos en este número 17 de Inspire, específicamente cómo descarrilar trenes con herramientas simples. Si se implementa, puede afectar y dañar considerablemente al enemigo, en múltiples formas, permitiendo así a los Mujahid / "luchador de la Yihad"/ solitarios, llevarlas consigo en su lucha por traer gran destrucción a la seguridad del oeste, militar y económicamente, con la ayuda de Allah..."

El párrafo corresponde a una extracción textual de la editorial de la revista Inspire N°17, escrita por Yahya Ibrahim y que casualmente llegó a mis manos mientras navegaba, ni siquiera en la deep web, sino a vista y paciencia de cualquier habitante del planeta. Dicha revista, publicada en internet, es una revista completamente de corte terrorista, como ustedes pueden deducir sólo con leer el párrafo anterior. No soy yo quien la calificará definitivamente como tal. La edición que tengo en mis manos y que, debo reconocer frente a todos ustedes, me costó terminar de leer, no por algún impedimento físico o temporal, sino por el nivel de odio que exuda, por el resentimiento y la incitación a la violencia explícita, infligida incluso contra gente inocente.

A cualquier persona que rechace la violencia tanto como yo, se le hará muy complejo avanzar en su lectura y, en mi vivencia, emergió el vehemente deseo de no continuar leyéndola. Pero me propuse hacerlo para compartir con ustedes esta náusea, para advertir de los límites, desconocidos para la gente normal, que incluso se pueden llegar a sobrepasar.

Para efectos de comprensión lectora las palabras que dejé textuales tienen su traducción al castellano entre los símbolos /" "/. A modo de reseña, Inspire es una revista online en idioma inglés, publicada por AQAP /"Al Qaeda in the Arabian Peninsula"/ cuyo interés es alcanzar la mayor cantidad de personas susceptibles de influenciar y lograr que se unan a su "lucha". Fue editada por primera vez el año 2010, donde se exponían los mensajes de Osama Bin Laden (Sheik Usama) en idioma inglés, entregándose completos y detallados manuales para fabricar bombas, embestir gente con vehículos motorizados, hacer explotar aviones y otros crímenes de esa índole.

Llama la atención la calidad de la revista en sus aspectos técnicos y de edición, con un mensaje correctamente estructurado, destacando la claridad del discurso político en que se "justifican" los ataques contra el "enemigo", EE UU, Francia y Rusia particularmente. Sus contenidos bien redactados y con una ortografía impecable, se sostienen en un excelente diseño, con fotografías de alta calidad.

En la edición que reviso en particular, se enseña cómo descarrilar trenes, con un impactante detalle "técnico", que se entrega a modo de manual.

Para mejor acometer estas "acciones" se entregan cifras bastante exactas, producto de completos estudios respecto a la cantidad de pasajeros que viajan en cada tren en Francia y EE. UU., incluyendo mapas y recomendaciones respecto al impacto esperado, y las diferencias entre atacar líneas, convoyes o estaciones. Se acompaña además un análisis muy completo de la seguridad en el sistema ferroviario.

Aparte de lo indicado en el párrafo anterior, llama la atención una breve historia sobre cómo la globalización los despojó del sitial que Allah les "*garantizó*" en El Corán, el cual es citado en innumerables ocasiones, apuntando al fanatismo de quienes profesan y participan de este fundamentalismo religioso, con un mensaje al parecer creíble para sus lectores y cuyo destino, acorde a lo señalado en la misma, no es más que la inmolación en nombre del dios de esa religión. En cada párrafo se trata de entregar una cláusula que justifique la violencia, con un resentimiento que agota, entremezclándola con alabanzas y homenajes hacia los mártires de esta guerra, los que cometieron algún acto de violencia y terminaron muertos por ello, tratando de involucrar de esa manera a los más jóvenes o incautos, bajo mi punto de vista. A los mártires se les clasifica por la cantidad de gente victimada por los ataques. Entre los consejos también se desprende una lista de "prioridades" para la elección de "objetivos", señalándose textualmente en el primer lugar: "*todo aquel que ofenda nuestra religión pura o nuestro amado profeta. Después busquen intereses judíos donde sea*". En segundo lugar, lo que ellos denominan los cruzados americanos, es decir, habitantes de EE. UU. que son parte activa de la lucha contra el terrorismo de Al Qaeda y otras facciones similares, con un nivel de violencia igual o mayor que los primeros. Luego si "*no se puede encontrar un cruzado americano*", atacar cualquier interés de algún país miembro de la OTAN. Estremecedor, por decir lo menos. Al resto del planeta, en tanto distinto de quienes profesan la religión islámica, se les clasifica en cuatro categorías, precisando quiénes deben ser tomados como objetivos y quiénes no. Debo reconocer (léase con tono de sarcasmo), que aparece una partícula de humanidad en ello, pues ancianos, escolares, discapacitados, granjeros (sic) y mujeres, no pueden ser "objetivos" si es que son capturados.

[Inicio de la cita]

La Sharia /"derecho islámico"/ indica lo siguiente en sus reglas:

1. No se diferencian civiles de militares

2. Los infieles son divididos en 4 categorías:

> *2.1 Muahadun: no creyentes (en el islam) que tengan un convenio de paz o cese de pelea con musulmanes. Mientras los no creyentes cumplan el convenio y el límite de tiempo no se haya cumplido. La Sharia prohíbe tener como objetivo su sangre y salud.*
>
> *2.2 Ahl al-dimmah /"Gente del libro"/ (monoteístas de religión abrahámica): No creyentes que vivan bajo la protección del islam y paguen el jizyah /"impuesto de los dimmah que les permite no ser asesinados y permanecer en su terreno"/ a los musulmanes, mientras ellos cumplan los términos de la protección y paguen el impuesto. La Sharia prohíbe pelear con ellos.*
>
> *2.3. Musta'minin: Los no creyentes que han entrado a tierra musulmana sin intención de residir, pero que reciben la protección de un musulmán. Siempre que no revoquen su inmunidad o estén siendo escoltados a un lugar seguro, la Sharia prohíbe su asesinato.*
>
> *2.4. No creyentes en guerra con musulmanes: Estos son todos aquellos que no tengan convenio o cumplimiento de protección con los musulmanes.*

3.- La sangre y salud en territorios de los no creyentes —que están en guerra con los musulmanes— se consideran permisibles a quien quiera invadirlos, excepto a los que están excluidos por la Sharia.

4.- Es permitido, con excepción de escolares, iniciar la guerra contra los infieles y asesinarlos si el llamado del Islam los menciona. Incluso aunque no hayan peleado contra musulmanes o hayan blandido armas en contra.

Allah ha ordenado a los musulmanes combatirlos hasta que no se rindan (venerando a Allah) y hasta que la religión sea sólo para Allah. Sobre esta base, ponemos de pie la demanda de la Jihad sobre los infieles y sobre estas bases, los musulmanes conquistaremos el este y el oeste, los persas, romanos y otros reinos caerán en sus manos. Sin embargo, cuando los infieles peleen contra los musulmanes y sean hostiles entonces sin duda se convierten en una obligación de contenerlos y luchar contra ellos. Por consiguiente, ellos deben ser priorizados (en la lista de objetivos para asesinato).

5.- La seerah /"biografía"/ del profeta, su compañía y los musulmanes que le siguieron nos muestran que ellos lucharon contra los infieles que estaban en guerra con los musulmanes y tomaron prisioneras sus familias como botín de guerra.

6.- Los no creyentes en guerra con los musulmanes se dividen en 2:

> *6.1: Los combatientes: Todo hombre sano, maduro que pueda pelear aun cuando no sea soldado. Se permite asesinarlos si el deber lo indica. Si son capturados el Imam /"Líder"/ decidirá su muerte o liberación.*
>
> *6.2: Los no combatientes: Personas que no pertenezcan al primer grupo: Mujeres, niños, escolares y dementes. Los ancianos y escolares, según su capacidad pueden ser tratados como esclavos y está prohibido su asesinato.*

7.- En la elección de objetivos civiles hay bastante ventaja y beneficio para las metas de la Jihad. Se suscita a la opinión pública y a los gobiernos que permiten detener sus políticas agresivas (contra los musulmanes). Este acto aterroriza mucho más que elegir un objetivo militar, con lo que se siembra el pánico y el terror entre el público."

[Fin de la Cita]

Eso respecto a las "reglas" de la guerra que su religión, en sus propias palabras, les impone. El artículo que las detallaba citaba además a uno de sus escritores que indicaba: "*Hemos dicho esto: Es un deber sobre cada musulmán, dondequiera que esté en la tierra, luchar contra los infieles y asesinarlos donde quiera que existan, sean civiles o militares y subrayamos la frase dondequiera que el musulmán esté, tal como Allah nos ha ordenado. El Islam es una sola nación que olvida todas las diferencias de nacionalidad entre los seguidores de Allah: [23:52: y ciertamente ésta, tu religión, es única y yo soy tu señor, así que témeme y cumple tu deber]*".

Por cierto que tras la incitación explícita a la violencia y a la inmolación, no podía faltar la frase de su libro que reafirme y confirme su "veracidad", como lo hacen la totalidad de las religiones cuyos fieles asumen la certeza de su contenido, sin que participe en esto la razón. Esto explica la extendida presencia de estos libros en las leyes civiles de los países. La exposición textual de los párrafos que he transcrito en este capítulo, y de los muchos más que omití por razones de espacio y de redundancia, solo pretenden dar cuenta del nivel de violencia al que se puede llegar cuando las religiones abarcan más de lo que tienen que abarcar en nuestras vidas y llegan a trastocar los valores que dicen poseer. Las religiones absolutistas, como el Islam, el Judaísmo y el Cristianismo, lo que buscan como fin último no es ni la salvación, ni la protección escatológica de sus fieles, ni la trascendencia a "tierras prometidas", cuya existencia es tan (in)cierta como la de la Tetera de Russell, o el Monstruo del Espagueti Volador. Lo que pretenden, como su clasificación lo indica, es ser la única, pues es la característica que permitirá el control absoluto de las personas y, de paso, de las instituciones políticas y sociales que están entre nosotros. Lo que acaban de leer, para desolación de la humanidad, no existe o ha existido solo en el Islam, pues la historia real del Judaísmo y el Cristianismo, no aquella de sus libros, aunque también está presente textualmente en ellos (Ver capítulo "El siglo XXI será laico o no será"), contiene sangre y guerras en muchas de sus páginas y no pocas veces en el tiempo. Ejemplos además de la Jihad hay por doquier. Las guerras de Francia entre católicos y protestantes calvinistas; las Cruzadas, con más de 200 años de enfrentamientos entre cristianos y musulmanes, las guerras Habsburgo-Otomanas, todas han tenido el mismo objetivo: eliminar a los fieles de la religión rival.

No tocaremos en este aciago capítulo la violencia de estas mismas religiones contra la humanidad, contra la esclavitud, contra la mujer, contra el sexo y la diversidad sexual, pues para ello faltarían páginas y un set de tomos. Esta muestra radica sólo en la violencia que practican entre sí, mediante el ataque a sus pares, con las que incluso comparten origen.

El llamado sincero y humilde que me permito no es a abandonar lo que va más allá de la razón y que cruza la dimensión espacio-tiempo que compartimos, sino a entender y recalcar el concepto de tolerancia y aplicarlo hasta el cansancio en nuestras vidas y en los círculos a los que tenemos acceso. Es lo único que nos garantiza, no sólo ahora, sino en adelante, que el mundo sea un espacio seguro donde podamos desarrollar nuestras vidas.

Enfoque Sobre el Laicismo en Democracia

Estación noviembre 2017

A muy poco tiempo de vivir un nuevo proceso eleccionario en Chile, vuelven a salir a la palestra, en la vorágine de "ofertones" políticos, propuestas ideológicas refundacionales que hacen tambalear lo construido en décadas y con no poco esfuerzo, por paradójico que resulte para una República poder garantizar a sus habitantes respeto por un tema tan personal como es la creencia religiosa —o la no creencia—, y a que esta no interfiera en las decisiones de otros que pudiesen o no compartir la propia. Hoy, transcurrido casi un cuarto del siglo XXI, la República de Chile aún tiene que lidiar con este tema, ya zanjado en casi la totalidad del mundo desarrollado y en vías de hacerlo. A modo de resumen: en el mundo existen, hoy en día, 196 países y tan solo 16 o 17 (si se considera válido contar al Vaticano como país "neutro") mantienen una religión "oficial" y que actúa en desmedro de los otros credos. Existen seis países declarados oficialmente islámicos, ocho adscritos a alguna variante cristiana y tres teocracias, de las cuales dos son islámicas, siendo la otra la vertiente católica del cristianismo occidental, el Vaticano. Si bien esta última se considera una nación propiamente tal, no lo es en un 100%, en cuanto no existen nacimientos ni instituciones formales como en sus análogos, sino que es una superficie de tierra con sus propias reglas y fines distintos a los de cualquier otra nación. Es por eso que no lo cuento como país propiamente tal, pero lo dejo expresado aquí para que esa decisión quede en manos del lector y su propio análisis.

Los efectos de un estado confesional están a la vista de todos y evitar propuestas tangenciales a esa situación depende de todos y cada uno de nosotros.

Enfoque del laicismo

El laicismo, desde el prisma político del respeto hacia todas las creencias –incluyendo la ausencia de ellas–, con énfasis en evitar que algún credo en particular se apropie de las políticas públicas, deontológicamente está en el grupo de los principios o normas imprescindibles, pues, a riesgo de ser reiterativo, es lo que permite y promueve la tolerancia, el respeto y la diversidad, valores que, dados los tiempos actuales, con elevadas alzas en las tasas de migración hacia el país, se harán cada día más necesarios. No me referiré a las candidaturas ultras que miran con desprecio a los inmigrantes cuando no cumplen con el perfil caucásico. Como dato duro para ese tema, según el último informe de la OIT y CEPAL sobre coyuntura laboral –el que a su vez cita al informe "Nuevas tendencias y dinámicas migratorias en América Latina y el Caribe" teniendo a CEPAL como fuente– Chile alcanzó este 2017 un 1,9% de su población como inmigrante, pero la población nuestra que emigró o continúa en condición de emigrante, en la misma fecha, un 2,5%, casi el doble de la anterior. Por tanto, estimo que no se debe escupir al cielo. Sabemos las consecuencias. De mi parte, espero que en el resto de los países que los albergan, nuestros compatriotas no estén sufriendo un trato similar al que algunos políticos están dando a los extranjeros que recibimos. El tema aludido merece un tratamiento más al detalle, por lo que, en este capítulo, lo dejaré hasta aquí.

Establecido uno de los objetivos del laicismo, como promotor de valores tan importantes como son la tolerancia y el respeto a la diversidad, es que debo denunciar actitudes de candidatos que postulan al más importante cargo político de nuestro país y que sin embargo van en contra de esa sana línea. No es posible que volvamos a los tiempos en que las leyes requerían de la "aprobación" o la venia de algún credo religioso, cuyos fundamentos estaban basados en frases extraídas de sus libros sagrados. Por una parte, tenemos suerte de estar geográficamente en el lado "occidental" de nuestro planeta, y que esas potenciales restricciones sean "menores" que las de nuestros similares del otro lado del "charco", como me dijo alguna vez un escritor de la península ibérica que conocí. Si la realidad fuese a la inversa, estaríamos celebrando el "gran avance" consistente en que a las mujeres se les permitiera manejar un vehículo. Si bien efectivamente existe sarcasmo en la frase anterior, no por ello la situación es menos trágica para las mujeres de esos países, donde la odiosidad y la misoginia que surgen de las tres religiones monoteístas-absolutistas es más ostensible que la de la religión occidental de turno actual, aunque no por eso menos dañina. De este lado, aún hacen eco frases emitidas por personas del mismo género, pero que ligadas confesionalmente al credo local, señalan que la mujer es literalmente un envase o una persona que solo "*presta su cuerpo*", tratándose de maternidad. O la conocidísima de uno de los actuales candidatos a la presidencia, quien señaló: "*Solo una maquinación intelectual es capaz de decir que la mujer tiene derecho a decidir sobre su cuerpo*". Así, tal cual. ¡Y ni se despeinó...!

En una charla dictada por un gran amigo –filósofo chileno experto en ética, autor y coautor de varios libros al respecto, que por lo demás es autor del prólogo de este libro– le escuché advertir sobre el peligro de los fundamentalismos e integrismos religiosos gatilladores de violencia, justo cuando nos enterábamos de atentados terroristas perpetrados en Europa. Entonces, reflexioné en conjunto con el resto de los asistentes respecto de los peligros del fundamentalismo –sin violencia física ni terrorista, pero que tiene un número de víctimas aún mayor– que se vive en Chile y Latinoamérica, mediante el agudo intervencionismo que han hecho los mandamases de la curia a través de los políticos, cuyos efectos negativos motivan en parte este capítulo, y que finalmente constituyen el "brazo armado" de sus religiones.

En mi opinión, la democracia es el sistema político menos malo que existe en el mundo actual, pero sus efectos van más allá del simple hecho de levantarse un día domingo, acercarse a la escuela cercana que le correspondió, emitir un sufragio y depositarlo en una urna. Una democracia plena es aquella que permite a todos sus habitantes, haya obtenido o no un triunfo electoral el candidato de su preferencia, actuar y vivir en concordancia con sus propias creencias, pensamientos, ideologías y conciencia misma, sin verse ni sentirse menoscabado por formar parte —o no— de un grupo con cierta ideología, sea o no mayoritaria, lo cual además, es relativo según el espacio-tiempo en que se encuentre. Una democracia es el sistema que debe considerarse como un alero seguro, como un gran árbol bajo cuya sombra puedan descansar todos los dioses, semidioses y la ausencia de ellos, sin que ninguno de sus habitantes vea dañada su integridad física, sicológica o moral. Una sombra que no solo permita el librepensamiento, la tolerancia y la crítica, sino que además cultive y promueva esos derechos como el adhesivo principal para la coexistencia en un mismo territorio de las cada vez más diversas corrientes que se disputan el terreno de la fe, tanto como el de aquellas convicciones que confían al estudio formal y a la ciencia la respuesta al origen de la vida, a través de los eones por los que han transcurrido la existencia de nuestro planeta.

Neil deGrasse Tyson, astrofísico, discípulo de Carl Sagan y continuador de su obra de divulgación científica y su serie "Cosmos", resume muy bien una parte del aspecto conceptual que se encuentra tras la noción de laicismo con su frase: "*No tengo ningún problema con lo que haces en tu iglesia, pero te confrontaré si apareces en mi salón de clases y me dices que quieres enseñar ahí lo que enseñas en tu iglesia*", extraída de una charla del 2008, en clara alusión al intervencionismo a través de la educación que los credos hábilmente han convertido como una de sus mejores armas en Occidente. La política en Chile y otros países de nuestro continente también se ha dejado permear por esta mala práctica con los resultados que se encuentran a la vista de todos.

La democracia, de alguna manera, es prima-hermana del laicismo, y sus efectos o fines son más o menos los mismos, acorde al alcance que ellos tienen y sus consideraciones. Al final del día ambos sistemas –político el uno, intelectual el otro– tienen la misión de promover el respeto a todos y cada uno de los habitantes y sus visiones respecto de la vida, con el límite claro de no dañar las de los otros, y ser el caldo de cultivo para el librepensamiento y terreno fértil para la diversidad y la tolerancia.

Tu voz en democracia

Espacios para alzar la voz y exponer tus ideas en democracia hay bastantes, aunque nunca serán suficientes, y hoy las redes sociales, la comunidad digital, la internet 2.0 han aportado asaz en este campo. En pocos días más, el poco tecnológico pero fundamental proceso de trazar una raya en un papel se llevará a cabo, y todos quienes promovemos y abogamos por un país laico y laicista, con respeto a todas las razas, credos, condiciones socioeconómicas y cualquier otro factor que pudiere significar diferenciación o segregación, tenemos el deber de asistir a ese acto, para expresar allí nuestra opinión al respecto y, con el tiempo, por consecuencia lenta pero eficaz, lograr erradicar las posiciones fundamentalistas que, pese a lo avanzado del siglo y los avances de la ciencia y la educación, aún subsisten. Tal vez en menor número que antaño, pero sin que esto signifique que haya que bajar el ímpetu de la tarea por conseguir un mundo rebosante de tolerancia, respeto a la diversidad y librepensamiento, fines últimos de un laicismo bien entendido y aplicado.

Una Mirada Laicista Sobre El Nuevo Gobierno

Estación enero 2018

Para iniciar este capítulo de manera positiva, debo reconocer, aplaudir y felicitar públicamente a todos los involucrados en el proceso electoral de diciembre del 2017 que mantiene a Chile en el más alto de los sitiales respecto a buena ejecución, eficiencia y eficacia en los procesos electorales que nos ha tocado vivir tras la vuelta a la democracia. Vara que pareciera ponerse cada vez más alta, pues en esta segunda vuelta tuvimos resultados parciales, pero suficientemente significativos, a menos de una hora del cierre de las primeras mesas. Sólo nos quedaría como país implementar el voto electrónico que permita a las personas sufragar, incluso desde celulares, desde la comodidad de sus casas, y que puedan mejorar la tasa de abstención que aún empaña estos procesos, no solo en nuestro país, sino en el mundo. Las elucubraciones sobre las causales y detalles de ese tema pueden ser revisados en variados artículos y estudios al respecto.

Pese a lo prístino del proceso electoral, sus resultados, desde el punto de vista del laicismo, no lo son tanto y me permito inferir, acorde a lo experimentado en la campaña de la segunda vuelta, que viene un período tenso y, basado en las expresiones iniciales de partidarios y cercanos del actual presidente electo (Piñera), con altas probabilidades de que se abra una etapa negra para la corriente del librepensamiento y para los pocos avances logrados hasta el día de hoy.

Uno de los principales factores de riesgo está dado por la presencia, campaña y potencial participación que pueda tener en el nuevo gobierno el excandidato de la extrema derecha chilena, José Antonio Kast y toda su comitiva y sectores sociales que le apoyan. Ya durante su campaña en primarias, dio a conocer sin tapujos, lo cual al menos se agradece, sus ideas respecto a la participación de los credos en el gobierno y la estrecha relación entre sus postulados y los de algunos dogmas que se disputan el grupo de los creyentes. Algunas de las frases para el bronce que se pueden mencionar al respecto:

- *"A los chilenos les hace falta Dios y el Estado debe promover la religión en colegios"*
- *"En nuestro gobierno, todas las escuelas y liceos públicos de Chile deberán contar en forma permanente con un profesor de religión a fin de que la opción de tomar la asignatura sea real y efectiva para todos los estudiantes"*
- Respecto a la aprobación de la ley de aborto en 3 causales, se despachó la siguiente frase: "*Asesinar, matar, no es cristiano ( ). Carolina Goic, presidenta de la Democracia Cristiana, firmó un documento donde decía que no iba a legislar nunca en contra de la vida del que está por nacer y tampoco en contra del que está en el término de la vida, sin embargo ha borrado con el codo lo que firmó con su mano. No es demócrata ni es cristiana*", de donde se desprende que su rechazo a la ley no tiene tintes técnicos, médicos ni sociales, sino netamente religiosos.
- En un acto político en su campaña de primarias con el partido recién creado "Unidos por la fe" (si, tal como lee, un partido político con nombre y trasfondo religioso), formado principalmente por una denominación del credo cristiano evangélico, Kast señaló que "*el mundo cristiano evangélico debe tomar un rol activo en las políticas públicas, que se debe pasar de la oración a la acción*".

Y las invocaciones a deidades locales no son exclusivas del excandidato perdedor en primarias, sino también del presidente electo, quien durante la campaña indicó en distintas ocasiones que "*Después de Dios, lo más importante es la familia*". U otra: "*La responsabilidad política la determinan los ciudadanos que van a tener que votar, y la responsabilidad moral la determina cada uno en su conciencia y ante Dios*". Si bien no vino directamente ni de Kast ni de Piñera, cabe recordar una carta enviada por un conocido devoto, el historiador y católico conservador

Julio Retamal Favereau, que decía: "*Dentro de la alegría del triunfo, deseo agradecer al presidente electo por acordarse de un participante mayor en el proceso. Me refiero, por supuesto, a Dios. Es un hecho importantísimo para muchos de sus votantes la alusión directa y explícita que hizo el señor Piñera a Dios, llevando así el acto eleccionario a una categoría más elevada y trascendente. Es también una garantía de que el nuevo gobierno deberá proceder de acuerdo con los preceptos que nos han dejado las enseñanzas divinas*". Las expresiones de Retamal Favereau fluyen como si el o los dioses tuviesen preferencia por uno u otro candidato o, como señala al final de la carta, como si los "*preceptos que nos han dejado las enseñanzas divinas*", tuviesen cabida en la regulación y leyes de un país. Nada más alejado de la sana realidad y del deber ser. Tan pueril como elevar peticiones a deidades para sacarse un 7 en una prueba, conseguir un trabajo u otras súplicas, de donde se podría desprender que ese dios tiene participación en la discriminación de un postulante por sobre otro, o en los conocimientos que alguien pudiese acopiar previo a un examen.

Podría citar cientos de frases, cartas, discursos donde aparecen una y otra vez invocaciones a autoridades religiosas, que poco o nada tienen que ver con política o con los cursos de acción que pueda tomar o no un Estado, un gobierno y, por supuesto, quien encabezará el poder ejecutivo. Lo importante, lo sano, lo correcto es justamente separar definitivamente el Estado, la política y la legislación de toda creencia, superstición o tema sobrenatural que no compete a la totalidad (ni aún si así lo fuere) de la población. El que un poder del Estado favorezca o tome partido por cualquiera de las entidades que poseen sus visiones respecto al origen de la vida y lo sobrenatural, perjudica inmediatamente al resto, los cuales dentro de cada país, tienen exactamente el mismo derecho a que se respete la creencia o no creencia abrigada en su inviolable fuero interno.

La importancia del laicismo recae justamente en eso, a diferencia de lo que explícitamente piensa y señala Kast, quien en una entrevista en el semanario The Clinic, indicó: "*¡Chile es un país laico, pero no laicisista!*". Asumiendo que el diputado quiso decir *laicista*, lo cual es definido por la RAE como: "*Independencia del individuo o de la sociedad, y más* *particularmente del Estado, respecto de cualquier organización o confesión religiosa*", es que defendemos con energía esa independencia tan necesaria en estos días. La antítesis de un Estado laico, cuyo significado según RAE es casi el mismo: "Independiente de cualquier organización o confesión religiosa", y laicista, son las teocracias y estados confesionales, lo que se viene intentado evitar en el mundo por décadas y cuyos vestigios de existencia recaen sobre siete países, entre alguna vertiente cristiana, islámicos y un budista, de un total de 194. Es decir, menos del 4%, y entre los cuales se debe contar al Estado Vaticano, con la consideración especial que hay que tomar, pues es un país sin nacionalidad por "nacimiento", ni opera como el común de los países. De manera que ese 3,6% podría bajar a 3,1%, pues entre ellos se considera a Argentina, en la teoría, pues en la práctica no implica una teocracia, pero aún presenta una alusión al dios cristiano en su Constitución y, por tanto, cae en ese grupo. Costa Rica también es un Estado confesional, aunque su población últimamente ha abogado por cambiar esa condición, por no corresponder a la de una "nación de occidente en desarrollo".

El laicismo es una filosofía que, en cuanto a tolerancia y respeto, va más allá incluso que una democracia, pues cada individuo es considerado de la misma manera, pertenezca o no a un grupo determinado, o que sea de minoría o mayoría, al punto que pueda desarrollarse espiritualmente en un ambiente donde no sienta menoscabo ni privilegio por su adscripción o pensamiento. ¿Podrían imaginar a la actual Presidenta, con mandato hasta marzo, que en su condición agnóstica o atea, enviara ahora al Congreso un proyecto de ley, obligando a los alumnos de la educación pública a una asignatura evaluada de ateísmo? Sería objeto, y con razón, de una vorágine de reacciones contrarias a la medida y un sinfín de epítetos de parte de los creyentes. El mismo ejemplo aplica para uno similar, ya fuere de índole islámico o cualquier otra religión, si alguna vez ejerciera uno de ellos y obligase a la sociedad a seguir esos preceptos. Hilaridad más o menos, si en los años posteriores asumiera un presidente de la religión del MEV y dictara una norma que obligara a las personas a andar con un colador en la cabeza, uno podría esperar un rechazo generalizado. Y lo anterior grafica a cabalidad lo ridículo que son todas estas posturas, sin importar la religión de la cual proviene.

Independiente del tangencial toque a la figura retórica que consiste en dar a entender lo contrario de lo que se expresa, el asunto es considerablemente serio, pues su violación constituye pérdida de rigor y seriedad en las políticas públicas del país y daño a la imagen que se transmite al resto del mundo civilizado. El laicismo constituye uno de los factores más importantes, de entre varios, que permiten el producto *tolerancia y respeto al prójimo, a la diversidad y a la sociedad en su conjunto.* Afectar a la baja su magnitud, al igual que en la operación matemática, produce un efecto negativo en los valores resultantes y ello implica un retroceso en la convivencia nacional y perjudica el sano ejercicio de la espiritualidad global. Es por ello que se debe tener especial cuidado y lucidez al momento de modificar la legislación o el comportamiento de un país alrededor de ese tema.

A menudo, en las múltiples charlas, debates y exposiciones que realiza el biólogo darwinista inglés Richard Dawkins, una de las mentes más lúcidas de este siglo, deja expuesta la pregunta que, paradójicamente, responde lo anterior y que dice relación con el porqué es posible realizar críticas a todo tipo de opiniones, de instituciones políticas y sociales, etc. pero que, cuando se pretende criticar o emitir opinión respecto a determinados credos, no se logra el mismo eco en los medios de comunicación ni en la sociedad, llegando muchas veces a la distorsión o la censura.

Se vienen tiempos cargados de incertidumbre respecto a si el actual presidente electo, Sebastián Piñera, incorporará o no las ideas fundamentalistas del excandidato que representó a la ultraderecha y grupos religiosos conservadores del país, si le entregará algún cargo desde donde pueda intentar imprimir un retroceso en una sociedad que muestra una clara tendencia a la secularización. Cualquiera fuera la situación que se aproxime, el mundo librepensador, luchador incansable de la tolerancia y defensor del derecho a la privacidad y sensibilidad de lo extranatural en el seno de la conciencia individual, debe estar alerta y en constante revisión de los brotes, por pequeños que sean, de transgresiones al Estado laico y laicista que debe ser Chile, hoy inédito cobijo de una sociedad multinacional con tanta diversidad de pueblos, culturas como de creencias.

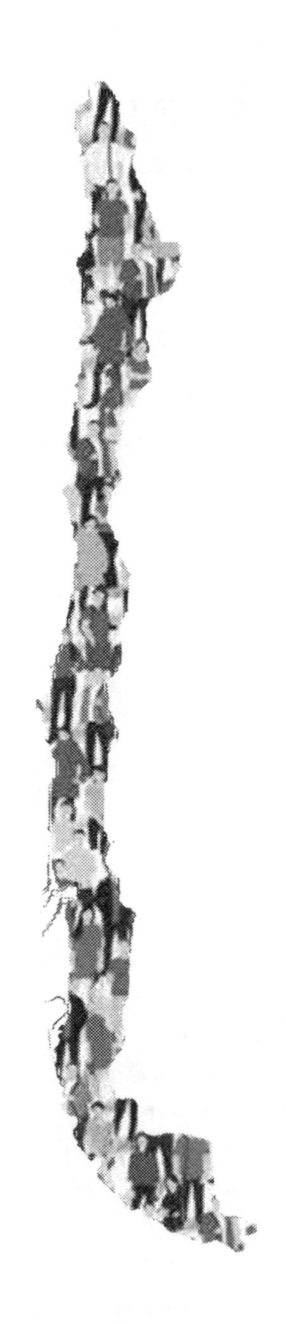

Laicismo en Chile ¿En Peligro?

Estación marzo 2018

Cumpliendo el rol de spoiler, el final de este capítulo no contiene la respuesta a la pregunta planteada en el título. Quedará a cada uno responderla en su fuero interno, como si fuese religión. Aguada la fiesta, presento mis aprensiones y opiniones al respecto.

Habiéndose conocido los resultados electorales de la última elección, hará uso de su segundo período presidencial Sebastián Piñera. Si bien la alternancia en el poder no debiese representar problemas para un país, que se autodenomina en vías de desarrollo y/o culturalmente avanzado, la realidad dista de la preciada teoría lo que hace fundados ciertos temores, que se sacuden el polvo y vuelven a escena y, en términos de los fans de Matrix, recargados. No hablo en términos económicos ni político-sociales, sino desde el punto de vista del laicismo.

En la primera etapa de Piñera, hábilmente, en tiempos de campaña hizo pocas y nulas afirmaciones o promesas que tenían que ver con la vetusta y oxidada discusión respecto a la separación de iglesia y estado, constitucionalmente vigente desde el año 1925, aunque con pérdida de "poder" tras la modificación de la carta magna en dictadura, donde sin discusión política mediante, se agregaron artículos que hasta hacían obligatorio el catecismo disfrazado de clase de religión en la educación, donde se creó, en septiembre de 1975, el primer Te Deum evangélico, cuyo consejo de pastores creado dos meses antes firmaba una adhesión irrestricta a la dictadura militar y a su líder, entre otras cosas que fueron modificadas, con un evidente retroceso respecto a la separación estado-iglesia, inéditas en el lapso 1925-1973. Este es un tema que puede abarcar libros completos incluso, si se trataran de manera aislada. Por ello no indicaré más ejemplos al respecto.

Aun con el antecedente inicial, respecto a la prescindencia de invocaciones religiosas en campaña, en su primer gobierno se vivieron situaciones que se salieron de toda norma. Recordemos el episodio de figuritas de yeso de ídolos(as) en reparticiones públicas (JUNJI) o la muy recordada frase en su discurso del 21 de mayo del 2011, donde además de aludir o invocar al dios de la religión local mayoritaria en cinco exactas ocasiones, contradice con lo ahí expuesto: "*También estamos comprometidos con el fortalecimiento de la libertad religiosa y la igualdad de cultos. Hemos formado mesas técnicas, con las distintas confesiones, especialmente el mundo evangélico, para remover las trabas legales que aún subsisten, especialmente en escuelas, hospitales, cárceles, instituciones de educación superior, y en el acceso a subsidios estatales. ¡Porque hay muchos caminos que llevan a Dios, y todos merecen nuestro respeto!*". Lo anterior, sumado a las frases pronunciadas en un discurso breve en la ceremonia de la entrega del bono "bodas de oro", hicieron arder la opinión pública e instituciones afectadas durante semanas. En específico, respecto al matrimonio, señaló: "*También creo mucho en el matrimonio, en el matrimonio como debe ser: entre un hombre y una mujer, que se casan para compartir un proyecto de vida, para generar una nueva familia, para recibir los hijos que Dios nos mande*" o "*... porque la familia es, después de Dios, lo más importante que tenemos en este mundo*". Asumiendo que en todas ellas se refiere al dios católico o, en el "mejor" de los casos, extrapolando al cristiano, deja fuera de su discurso a todos los habitantes del país que, aun siendo minoría, forman parte de otras religiones o ninguna y son ciudadanos con los mismos derechos y deberes que los que sí profesan las religiones mayoritarias de turno. Contradice lo indicado en el discurso que pronunciaría días después, pues no se puede combatir la discriminación a un grupo (evangélicos), aplicando discriminaciones a otros distintos (resto de las creencias y no creencias). Las políticas públicas afectan a todos los habitantes por igual y no es posible, en una sociedad y país que se califiquen como serios y responsables, crear o modificar leyes utilizando fundamentos religiosos. El estado de Chile es laico. NO es un estado confesional ni religioso y tiene esa condición ¡hace ya casi un siglo! ¿Qué relación tienen las distintas manifestaciones de un contrato civil, como el matrimonio, entre dos habitantes del país y sus patrimonios, relación jurídica y/o socioeconómicos? En mi opinión, ninguna. No obstante, invocando citas o textos de una religión en particular, se pretende hacer o modificar una ley que afecta no sólo a los que pertenecen al dogma cristiano, en cualquiera de sus "sabores", sino a todos los habitantes de la nación. La discusión debe darse en un marco técnico-jurídico, no con argumentos metafísicos o que no formen parte de lo que es una sociedad en su conjunto. Al César lo que es del César.

Eso, escudriñando solo superficialmente el período anterior donde, reitero, en campaña prescindió de la religión y se mostró liberal y con una visión madura de país. La situación es distinta el día de hoy, puesto que en la segunda vuelta, ante los inciertos resultados de la primera, tuvo que realizar promesas y discursos focalizados en sus otrora contendores de su mismo sector, pero mucho más ligados a las religiones y con una inmadurez al respecto pocas veces vista y totalmente atemporales, que siquiera tienen que ver con la escuálida y vilipendiada situación actual de la cúpula de la iglesia católica, respecto a su altura moral ni teórica ni práctica. En particular los sectores seguidores de los excandidatos Ossandón y Kast, corresponden a grupos sociales que, pese a lo macizo de la historia, insisten en la intromisión de la o las religiones en asuntos de Estado. En el marco de esos discursos sectoriales o dirigidos, por decirlo de algún modo, la situación hacia adelante presenta más certezas que dudas (sí, tal cual) respecto a que no se vuelvan a repetir las situaciones acaecidas en el transcurso de su primer período. ¿Quién nos libera de creer o pensar que si ayer, cuando no hizo campaña religiosa, cometieron bastantes atropellos al Estado Laico, hoy que sí la hicieron, las transgresiones sean aún más severas y contundentes? De los tiempos del Partido Conservador, sucesor de los pelucones, en el siglo XIX y en el que se negaba la separación estado-iglesia, matrimonios y cementerios civiles y similares, que no había agrupaciones políticas tan estrictamente apegados a alguna de las religiones, como lo es el hoy en formación "Unidos por la Fe", que apoyó a Kast y que hoy se sienten parte del gobierno que asumirá. Ni siquiera Falangistas o DC actual tuvieron la desfachatez de traspasar los límites como se intenta hacer hoy. La memoria sigue jugándome malas pasadas en este respecto, pero no por olvidar temas, sino por repetir algunos reiteradas veces, como el episodio donde Evelyn Matthei, candidata presidencial del año 2013, cuando dijo a viva voz y a través de todos los medios de comunicación que si salía electa "*no se apartaría un ápice de lo que dice la Biblia*", como si Chile, reitero, un Estado laico, tuviese que ser guiado por libros de las creencias de turno, tal como lo hacen los estados fundamentalistas islámicos de los que, espero, pretendamos separarnos y no acercarnos.

Parte de estos temores se ven acentuados una y otra vez en declaraciones de cualquier medio de comunicación en los que actúa Sebastián Piñera y basta darse una vuelta por su Twitter y confirmarlo.

En un línea similar, ante la feroz escalada racista y xenófoba que vive la sociedad virtual, cuyos coletazos se sienten también en la vida real, se puede confirmar que los grupos de seguidores, simpatizantes o partidarios de José Antonio Kast, alzan la voz con fuerza, por lo que se agrega una variable a la ecuación, haciendo más preocupante el escenario, puesto que, acorde a lo que refleja lo que acontece en redes sociales, como Twitter, por ejemplo, los niveles de odiosidad en los discursos y/u opiniones, no se condicen con lo que promueve una sociedad tolerante, inclusiva y respetuosa no solo de sus habitantes o personas, sino de lo que corresponde a un país.

En Bermudas, territorio británico de ultramar, se aprobó en mayo del 2017 la ley de matrimonio homosexual gracias a un fallo de la Corte Suprema y en febrero de este año, tras presiones indebidas de grupos conservadores a legisladores que comparten sus creencias, ha sido abolida en el congreso de esa localidad, dando cuenta de la necesaria división que debe existir entre ambas institucionalidades. Es evidente el impacto que implica la transgresión de los límites entre ellas. En Costa Rica, para continuar en la senda de los ejemplos internacionales, las elecciones pusieron a un predicador evangélico, con una novel carrera política (es actual diputado), como candidato presidencial para la segunda vuelta. Fabricio Alvarado, miembro activo de la Iglesia Centro Mundial de Adoración, tiene como plan principal el impedir que Costa Rica respete lo indicado por la CIDH respecto a la legislación de los matrimonios civiles para personas de igual sexualidad. No existe programa económico, social o de relaciones exteriores para ese país. Su única bandera es prohibir el matrimonio homosexual, con fundamentos religiosos. Lo anterior debiese ser cuestionamiento no solo para Costa Rica, donde las agrupaciones de índole laicista están, con justa razón, preocupadas, sino para la mayoría del mundo donde sus estados no están ligados a una confesión (96% de los 196 países), puesto que se pone de manifiesto la poca madurez de una sociedad cuya representación democrática se reduce a prohibir una legislación civil con fundamento religioso o no.

La intromisión de los preceptos propios de un dogma en leyes de un Estado, no sólo son atemporales e inexplicables, sino además indefendibles transcurridos casi un 20% del siglo XXI, en un mundo globalizado que ha permitido a los ciudadanos del planeta un nivel de acceso a la educación o al menos a la información, nunca antes vistos. Hoy es tiempo de avanzar, no de retroceder. Es tiempo de abrir las puertas, no de cerrarlas, de acoger e incluir, en vez de segregar o discriminar. Comte-Sponville lo dijo alguna vez: el siglo XXI será laico o no será, no como una frase antojadiza, sino como el lema que debiésemos portar todos los que racionalmente compartimos tiempo y espacio en esta porción de materia. El laicismo es tolerancia, es respeto por la diversidad y la diferencia. Es impedir que una mayoría o minoría le ponga encima el pie a la otra parte. Es permitir que todos, en el respetable marco y fronteras de su individualidad puedan abrazar o no credos, dogmas o ideales sobre el origen de la vida, su orden y existencia. El estado no debe, bajo ninguna circunstancia distinta a la de una dictadura fundamentalista, imponer a sus ciudadanos reglas respecto a esa decisión tan íntima como es el de filosofar respecto a las preguntas fundamentales de la vida: ¿De dónde venimos? ¿Qué somos? ¿Dónde vamos? Al contrario, el Estado de un país debe, sin preferencia alguna ligada al ejecutivo o legislativo de turno, promover un campo abierto donde todos, con el debido respeto por el otro, puedan cultivar sus ideas y vivir en torno a ellas. Hoy por hoy, Chile es un país donde la breve historia política, tras la dictadura, presenta insuficiencias respecto al laicismo, las que, acorde a lo empírico, en el gobierno que asume este 11 de marzo de 2018 se verán acrecentadas y se corre el riesgo de retroceder más que avanzar.

¿Está en peligro el laicismo en Chile?

Decreto 924. 25 Años de Discriminación y Proselitismo

Estación mayo 2018

Chile vive desde hace un tiempo una serie de debates respecto al tema de la religión inserta en la educación. En esta línea se debe aclarar que, en realidad, cuando se habla de la asignatura de religión se está hablando de catecismo de alguno de los credos disponibles en la oferta actual y no de historia de las religiones ni menos una mirada imparcial respecto a ellas, sino catecismo propiamente tal. El debate o comentarios al respecto se ha dado en diversos medios, el nuestro incluido, desde hace bastante tiempo. En la revista Capital, por ejemplo, el académico de la UAI Cristóbal Bellolio, escribió la segunda semana de abril una columna que se llama "Más religión, menos catequesis", donde expone su punto de vista bajo el prisma académico que le caracteriza. Por otra parte, a fines de marzo, representantes del movimiento Educación Laica compuesto por múltiples organizaciones, concurrieron hasta el CNED para entregar su argumentación propicia a eliminar la asignatura de religión de la educación pública, en conformidad al respeto al Estado Laico. A inicios de abril una madre, Marta Fernández, fue obligada por el colegio "La Abadía" a una entrevista psicológica cuando quiso hacer valer el derecho de sus hijos a ser eximidos de la clase de religión, como estipula la ley, con la discriminación evidente que eso implica. Sin embargo, tras su denuncia en RR.SS. se le acercaron varios medios, y el colegio, a sabiendas que incumplía la ley, corrigió su actuar y permitió a los adolescentes ausentarse de la clase de religión, acorde a la decisión de su progenitora. Columnas, artículos y casos como éstos surgen una y otra vez dentro del territorio nacional.

¿Dónde se origina el problema? La respuesta es inequívoca y apunta a un decreto de los años 80. El tristemente célebre decreto 924, firmado por un Subsecretario de Educación, capitán de corbeta (tal como se lee), establecido el 12 de septiembre de 1983, durante el nefasto período no democrático en Chile, consta de 14 artículos y un considerando bastante particular, que se resume en los siguientes puntos.

- *Los planes de estudio de los diferentes cursos de educación prebásica, general básica y de educación media, incluirán, en cada curso, 2 clases semanales de religión.*
- *Las clases de religión se dictarán en el horario oficial semanal del establecimiento educacional.*
- *Las clases de religión deberán ofrecerse en todos los establecimientos educacionales del país, con carácter de optativas para el alumno y la familia. Los padres o apoderados deberán manifestar por escrito, en el momento de matricular a sus hijos o pupilos, si desean o no la enseñanza de religión, puntualizando si optan por un credo determinado o llanamente si no desean que su hijo o pupilo curse clases de religión.*
- *Los establecimientos particulares confesionales ofrecerán a sus alumnos la enseñanza de la religión a cuyo credo pertenecen, sin embargo, deberán respetar la voluntad de los padres de familia que por tener otra fe religiosa, aunque hayan elegido libremente el colegio confesional, manifiesten por escrito que no desean la enseñanza de la religión oficial del establecimiento para sus hijos.*
- *El profesor de Religión, para ejercer como tal, deberá estar en posesión de un certificado de idoneidad otorgado por la autoridad religiosa que corresponda, cuya validez durará mientras ésta no lo revoque, y acreditar además los estudios realizados para servir dicho cargo.*

El primer punto establece la obligatoriedad para todos los establecimientos educacionales a impartir religión, o al menos a tenerla disponible en sus planes educacionales. Ya este primer artículo, en mi opinión, se encuentra reñido con el deber ser de la educación, atendido al alto número de opciones particulares que se disputan el segmento de la población que se define "creyente", que, como es obvio, no representa la realidad de la totalidad de la población, ni en Chile ni en ningún otro país. Aunque, como señala el tercer punto del resumen anterior, el decreto permite que algún alumno se exima, lo que allí se determina constituye una clara contradicción con uno de los derechos establecidos en la Declaración Universal de los Derechos Humanos: "*El derecho a la no distinción, exclusión, restricción o preferencia por motivos de género, raza, color, origen nacional o étnico, religión, opinión política u otra, edad, o cualquier otra condición que tenga el propósito de afectar o deteriorar el goce completo de los derechos y libertades fundamentales*".

Lo peor, en mi opinión, es que como señala el decreto que motiva este capítulo, sus disposiciones comprenden el período más sensible respecto a la enseñanza de habilidades socioemocionales, como la integración, la no discriminación y el sentido de pertenencia, que es la edad preescolar. No se requieren conocimientos psicopedagógicos, sino los simples recuerdos de nuestra niñez para confirmar que en el período escolar, plagado de apodos, rodeado de personajes majaderos de toda índole, y cargado de una sinceridad sin filtros característica de esa edad, se desdibujan los límites del juego en el agravio y la ofensa, hoy al menos en proceso de controlarlos tras la masificación del concepto bullying. En ese ambiente, se entrega a los padres la responsabilidad que sean ellos mismos, con la intención de impedir que la mente del infante sea moldeada por dogmas religiosos, que imponen una "verdad" que contradice el libre desarrollo del razonamiento infantil, los que deban exponer a sus hijos a que sean excepción, y por lo tanto discriminados, rechazados u objetos de burla y cuchicheo escolar.

El quinto punto del resumen también ha sufrido fuertes cuestionamientos. Me refiero al acápite que indica que los profesores de religión deben poseer, además de su título universitario y de competencias pertinentes a la docencia, un certificado de idoneidad. Sí, tal como se lee, emitido por la cúpula del credo correspondiente a la religión que se pretende enseñar, que certifique que la persona tiene la "moral" exigida por ellos y que puede entonces aleccionar en los temas de esa religión. Como el certificado no tiene relación alguna con valores transversales, habilidades docentes, conocimientos técnicos, sino que, en la práctica, no es más que un visto bueno a la persona, otorgada por la jerarquía eclesiástica respectiva, se abre espacio a la posibilidad de situaciones extremadamente discriminatorias, como los hechos lo indican. Sandra Pavez, exreligiosa, universitaria y con un posgrado, profesora de religión durante 25 años de un colegio, calificada con nota máxima y muy bien evaluada por colegas, alumnos y apoderados, tuvo que dejar de hacer clases de un día para otro tras la revocación del certificado de idoneidad por parte de la vicaría de San Bernardo, cuando se enteraron de que la profesora tenía una pareja de su mismo sexo. El caso llegó primero a la Corte Suprema, que se vio atada de manos al respecto y fue, finalmente, la alcaldesa de esa comuna quien la reintegró, dado que el colegio era municipal. El caso pasó luego a la CIDH, la que en 2016 declaró admisible una querella contra el Estado chileno, obligándolo a pronunciarse al respecto.

En la misma línea, Judith González, profesora de Estado de Religión, narró en una revista del gremio de profesores cómo ella estuvo a punto de perder su certificado, al ser calificada por la Vicaría de la Educación de su zona como activista política, señalando qué causales podían ser consideradas para perder el certificado, por ejemplo el ser divorciado o separado, tener pareja antes del matrimonio o amar a una persona del mismo sexo, entre otros temas tan nimios a la luz de la tolerancia que demanda la sociedad actual y el respeto a la diversidad.

En pleno 2016, el sacerdote jesuita Jorge Costadoat fue removido de sus funciones como académico de teología en la Universidad Católica de Chile, debido a su aceptación y acogida a la homosexualidad (no teniendo él esa condición). Se hizo muy conocido por una de sus frases célebres "*la homosexualidad es obra de Dios*", y en alguno de sus libros expone ideas cercanas a estas, donde invita a acoger a las parejas del mismo sexo.

Finalizadas las anécdotas en torno a las rarezas que origina el inicuo decreto, lo que expongo a continuación es un breve análisis de la situación del país al respecto. Cuando se firmó el decreto por parte del dictador, los datos con que se contaba eran los que había arrojado el censo de 1970, en que un 80,61% de la población se declaraba católica. En el censo del año 1982 no se realizó consulta alguna respecto a la religión, por motivos que todos podemos deducir, por lo que en 1983 (año de la firma del decreto 924) no existía información específica sobre la materia. El siguiente censo se llevó a efecto una vez recuperada la democracia, año 1992, informando que la población que se declaraba católica había bajado al 76,70%, lo que significaba una caída del 3,91% respecto a 1970. De alguna manera se aminoraba la caída de 8,51% que hubo entre el censo de 1960 y el de 1970. En el año 2002 el porcentaje registrado fue de 69,96%, con una baja de 6,74%. El último censo que incluyó preguntas de adhesión religiosa fue el de 2012, donde el porcentaje de católicos baja nuevamente, aunque en un porcentaje menor, 2,59%, estacionándose en un 67,37%. Al grupo de católicos debe sumarse el porcentaje de evangélicos, que ese año alcanzó un 16,62% de los censados, superior al 15,14% obtenido 10 años antes. En esa encuesta, el número de personas que dice no identificarse con ninguna religión subió de un 8,30% a un 11,58%. En la religión católica, los porcentajes bajan 5 puntos cuando se disgrega a segmentos de edad entre 15 y 29 años, que constituyen parte importante de los "afectados" directamente por el decreto que comentamos.

Si bien no hay censos con este dato actualizado (curiosamente el censo de 2017 no incorporó esa consulta), el Centro de Políticas Públicas de la PUC en conjunto con GFK Adimark, realizaron la Encuesta Bicentenario en octubre del año recién pasado, donde recogieron que un 59% de los chilenos se declaró católico, un 17% evangélico y un 19% marcó "ninguna religión, ateo o agnóstico". En otras palabras, una de cada cinco personas no pertenece a ningún credo. Eso considerando que, dado que aún existen prejuicios al respecto, hay gente no creyente que lo niega para evitar la "segunda pregunta" o prevenir una potencial falta de aceptación de su posición en su entorno social. Además del grupo de los creyentes, sólo un 44% indicó que le gustaría que sus hijos compartieran su religión. A un 41% "les daba lo mismo" si la compartía o no, y un 6% dijo que no quería que la compartiese. Detalles de esa última encuesta, con sus "datos duros" puede encontrarse en el sitio de GFK-Adimark[4].

---

[4] https://encuestabicentenario.uc.cl/wp-content//uploads/2017/10/Religion_EncuestaBicentenario_2017.pdf

Expuesto el origen del decreto, sus pormenores, el entorno en el que se gestó y el estado actual de reconocimiento religioso en la sociedad, se hace estrictamente necesario realizar

una revisión de ese decreto y en esa línea se han levantado bastantes voces al respecto; Ramón Badillo, Agustín Squella, Cristóbal Bellolio, Úrsula Eggers, Carlos Calvo, a través de numerosas publicaciones han puntualizado su opinión sobre la materia. También en la revista Iniciativa Laicista, varios autores han aportado argumentos, no sólo este año sino desde hace ya bastante tiempo.

En el plano internacional, el año pasado la Corte Suprema de Justicia argentina, declaró inconstitucional la norma de incluir religión como asignatura en la educación pública, pues su incorporación, además de violar el principio de Estado no confesional (tampoco es un Estado Laico), favorece conductas discriminatorias hacia los niños que no forman parte de la clase, como he argumentado en este capítulo. Y es lógico, pues, reiterando lo escrito, la edad escolar y características de los menores genera un caldo de cultivo para la discriminación a temprana edad. Por otra parte, si la obligación de un Estado es la de formar ciudadanos libres, que respeten a los demás en su diversidad, y que, recíprocamente, sean respetados en su individualidad inherente, no es posible la inclusión de un dogma sea cual fuere, en el colegio, escuela, universidad o casa de estudio a la que pertenezca, pues esas instituciones constituyen un crisol donde se debe reunir la esencia del pensamiento humano, sin favoritismos por determinadas corrientes religiosas o filosóficas, permitiéndose a la fértil mente de niños y adolescentes formar su propia visión del mundo, de lo espiritual, de lo cosmogónico, del origen de sí mismo y de lo que lo rodea y del sinfín de interrogantes que fecundizan la riqueza de la duda, motor de la investigación, del conocimiento y la sabiduría.

Esta es la invitación a la que deben acogerse también las casas de estudio. A la investigación y la exploración de la duda, por sobre el dogma. A la lectura amplia por sobre la lectura dirigida, resumida, sesgada o pre filtrada. A la búsqueda del conocimiento por sobre el adoctrinamiento. A la emancipación intelectual por sobre la esclavitud mental que solo produce prosélitos. Esa es la educación que generará ciudadanos libres y críticos, que en su vida adulta aportarán a la sociedad con un potencial mucho mayor al que la educación actual nos restringe. La visión cosmogónica, de origen, religiosa, espiritual, o como se le quiera llamar, es total y absolutamente individual, y debe ser revestida con los ropajes de la más profunda y respetuosa privacidad, donde cada uno como persona pueda elegir el credo, religión, metafísica, doctrina, convicción o no creencia que abrigue su conciencia. Todo ello sin sentirse, menoscabado, discriminado ni segregado, pues es al Estado a quien le corresponde velar por la libertad de conciencia de todos y cada uno de sus habitantes.

Paradojas del Siglo de la Información y el Conocimiento

Estación septiembre 2018

En un grupo de WhatsApp con unos amigos de diversas profesiones, creencias y ausencia de ellas, hace un tiempo comentábamos acerca de un artículo[5] que reutilizaba por enésima vez y ad-hoc a la situación que se deseaba, una publicación de otro artículo obtenido de Internet en el que, en resumen, se argüía la capacidad de "*modificar el lenguaje del ADN mediante ondas, ya sean sonoras o de luz*" pudiendo desde curar enfermedades irreversibles hasta convertir en segundos una rana en una salamandra (video incluido), a cargo de "*Un grupo de investigadores rusos compuesto por Pjotr Garjajev, Peter Gariaev y Vladimir Poponin*". Favor notar los dos primeros nombres de ese "grupo". Sí, no es un error. Son los mismos. El "estudio" (disculpen de antemano la cantidad de comillas que utilizaré en estos párrafos) trataba, en primera instancia de sentar las bases científicas para la explicación de fenómenos como la intuición, clarividencia, auras y hasta la potencial influencia de esa energía en las personas para cambiar el clima. El artículo, que data del año 2016 según se confirma en la URL entregada, contiene información del "*biofísico y biólogo molecular Pjotr Garjajev*" donde éste señala cosas como las que se indican a continuación las que analizaré brevemente.

> "*Los cromosomas vivos funcionan justo como un computador holográfico usando radiación de láser de ADN endógeno.*"

---

[5] https://realidadtrascendental.wordpress.com/2016/02/27/pjotr-garjajev-y-la-reprogramacion-del-adn/

Aquí es posible observar el uso de términos como computador holográfico y ADN endógeno. Suena interesante, ¿no? Hagamos doble clic. Un computador holográfico no es más que una imagen que en vez de estar proyectada sobre una pantalla (LCD o CRT) como la que todos tenemos en casa, basa su proyección en hologramas (si han visto la serie de ciencia ficción CSI, verán que los científicos tienen de este tipo pantallas en el aire que controlan con sus manos). Qué tiene que ver ese tipo de "proyección" de una imagen con un funcionamiento específico de los "cromosomas vivos". Nada. Es ininteligible esa comparación de "funcionamiento", pero "suena interesante" y pudiese atraer al lector que cae fácil ante el uso de frases o palabras que desconoce. Además, a modo de anécdota, sigo buscando en la literatura biológica el término "cromosoma vivo". Por supuesto que su contraparte "cromosoma muerto" no aparece en publicación alguna (serias y no serias). A la anterior se le complementa con que usa "radiación de láser de ADN endógeno", que suena de película y sorprendente. El término ADN endógeno es el ADN del cromosoma a secas, puesto que endógeno es lo opuesto a exógeno y el ADN exógeno es aquel que se encuentra fuera del organismo y es introducido al organismo mediante un proceso llamado "transformación" que es natural en bacterias aunque también puede ser realizado en un laboratorio, en los alimentos transgénicos por ejemplo. Ahora, ¿para qué utilizar ambos términos? Puedo pensar que para hacer más rimbombante e ininteligible la ya confusa frase y provocar un efecto de asombro en el lector que no pertenece a alguna comunidad científica, donde de hecho es mirado con vergüenza. Finalizando lo anecdótico de esta frase, se la envié a dos científicos de renombre, uno presidente de la Comisión Científica más importante del país y otro del grupo de científicos chilenos que encontró una cura al cáncer mediante modificaciones al RNA y sus respuestas, ambas por separado, fueron que eran frases ininteligibles y que no tenían significado alguno.

Aquí les dejo otro set de frases similares de ese artículo pseudocientífico y el análisis u opinión se lo dejo a ustedes, y son similares a la recién descrita. Dicho sea de paso, les invito, si es que leen el artículo que da pie a este otro, que analicen la formación académica del autor del primero. Les provocará sorpresa, al menos.

- *"La sustancia viva de ADN (en tejido vivo, no in vitro) siempre reaccionará a los rayos láser modulados por el idioma y a las ondas de radio,* ***si son correctas las frecuencias (sonidos) que se estén siendo usadas****. Esto finalmente y "científicamente" explicaría el porqué de muchos fenómenos como la hipnosis y equivalentes...Capturaron los patrones de información de un ADN en particular y lo transmitieron a otro reprogramando células a otro genoma. Así exitosamente transformaron, por ejemplo, embriones de ranas a embriones de salamandra..."*
- *"Los maestros esotéricos, ocultistas y espirituales* ***han conocido por milenios que nuestro cuerpo es programable por el lenguaje, la palabra y el pensamiento. Esto ha sido probado y explicado bajo una base científica****. Aunque este proceso exige un factor, la frecuencia tiene que ser correcta. Y es por ello que no todos tienen éxito o pueden hacerlo con el mismo éxito. La persona individual debe trabajar en los procesos y los desarrollos internos a fin de establecer una comunicación consciente con el ADN".*
- *"Este grupo de investigación también averiguó que nuestro ADN puede ocasionar* ***patrones de disturbio en un vacío****, y por tanto, producir* ***agujeros de lombriz magnetizados****..."*
- *"La tensión, la preocupación o* ***un intelecto hiperactivo previene la híper-comunicación exitosa*** *y la información será totalmente distorsionada o nula. En la naturaleza,* ***la híper-comunicación ha formado parte del entorno por millones de años****..."*
- *"****Evidentemente, el ADN es también un superconductor orgánico*** *que puede trabajar a la temperatura normal del cuerpo, en forma opuesta a los superconductores artificiales que requieren temperaturas extremadamente bajas entre los -200 a los -140°C para funcionar...Hay otro fenómeno ligado al ADN y a los agujeros de lombriz. Normalmente, estos agujeros de lombriz súper pequeños son altamente inestables y son mantenidos solamente por una pequeñísima fracción de segundo.* ***Bajo ciertas condiciones los agujeros de lombriz estables se pueden autoorganizar,***

lo que entonces forma dominios de vacío distintivos en los cuales, por ejemplo, la gravedad se puede transformar en electricidad..."

Hoy en día, con la cantidad de información que se tiene disponible y con una rapidez cercana a lo inmediato como nunca antes, debiésemos inferir que la sociedad se riera de estas noticias o las tomara como una humorada o disparate de algún ocioso. Pero la verdad preocupante es que hay gente, y si bien no es mucha, pero tampoco tan pocos, que adhiere a ellos y que ha transformado este tipo de cosas pseudocientíficas en algo preocupante.

Partiré por los efectos para luego intentar una teoría al respecto.

Los efectos de estas creencias o apegos a posverdades que hoy en día salen a la luz son peligrosamente más frecuentes y ostensibles. Por ejemplo, los movimientos antivacunas, cuyo origen estuvo en una posverdad respecto del componente Timerosal[6] que promovieron los Geier, con fines probablemente económicos considerando que el padre, Mark, dirige una organización sin fines de lucro al respecto sin contar con títulos científicos, financiados por un centro médico privado para autistas dirigido por su hijo, David Geier. Dichos papers lograron ser publicados en revistas científicas de cuarta categoría (aclaro que no es por denostar, sino por indicar que su factor de impacto ocupa el último cuartil según los rankings formales), donde incluso firma como coautora Lisa Sykes, una religiosa metodista también sin formación científica alguna, quienes se ganan la vida estafando con falsas demandas por intoxicación de Timerosal donde son parte y testigos y cuya deshonestidad les trajo demandas a su vez por falsificar experiencia y formación, en EE.UU. De ahí en adelante, en conjunto con los grupos antivacunas alrededor del mundo lo levantaron como bandera y claramente vemos que tuvo efectos y no menores, pues el temor que causó esa referencia inexistente del autismo con las vacunas (que hasta la OMS tuvo que salir a desmentir) en la población ha sido el combustible perfecto para el medio de transporte en el que enfermedades virtualmente erradicadas vuelvan a estar presentes en Europa y Latinoamérica, principalmente.

---

6 https://elefectorayleigh.cl/2014/02/01/timerosal-y-autismo-la-gran-estafa/

Por otra parte, pero también por el lado de la salud, hasta el día de hoy profitan con el engaño los laboratorios homeopáticos y sus distintas variedades[7]. No obstante, ya en España se están tomando esto en serio y la comunidad científica y médica está ad-portas de lograr impedir que la homeopatía sea vendida como medicamento, como ya lo hizo Australia el 2015, dados sus refutados in extenso estudios de aporte o cura para ciertas enfermedades. Anecdóticos y extremos son los casos de un "médico" francés demandado[8] por familiares de un paciente fallecido al convencerlo que dejara el tratamiento médico estándar y lo cambiara por pastillitas de azúcar, como son conocidos los medicamentos homeopáticos en el rubro, del año 2017 y el de otro "terapeuta homeopático" de España que hizo algo similar con otra paciente, pero con el mismo resultado: la muerte. Caso aparte es la historia del Oscillococcinum[9], otro medicamento homeopático, que se ha transformado en un lucrativo negocio, y que el común de la gente compra sin saber, o al menos espero que sea sin saber, que la evidencia científica tras el medicamento hasta cuyo nombre y procedencia son erróneas, son nulas y no es más que otro placebo en la interminable lista de ellos. Si quiere comprar y tomar hígado de pato ultra recontra diluido, hágalo. Pero no diga que no se le avisó que era un fraude.

Así también han pasado por el cedazo de los grupos anti ciencia el evolucionismo y se le ha querido reemplazar por el creacionismo y otras "teorías" similares, los grupos anti alimentos transgénicos (ha visto usted la diferencia entre una zanahoria "natural" y una transgénica. ¿no? vea la foto) que pretenden volver la comida a sus "orígenes", tirando por la borda lo avanzado de la técnica en este campo, que ha permitido, incluso, curar enfermedades como el anecdótico caso del Arroz Dorado[10], que permite a una gran cantidad de habitantes de países pobres del África y del sudeste asiático, solucionar la ceguera causada por la falta de vitamina A y cuyo

---

7 http://www.ub.edu/geneticaclasses/davidbueno/Articles_de_divulgacio_i_opinio/La_Vanguardia/2013/13-01-26_Las_trampas_de_las_falsas_ciencias.pdf

8 http://www2.latercera.com/noticia/suspenden-dos-anos-medico-homeopata-tras-muerte-paciente/

9 https://www.homeowatch.org/history/oscillo.html

10 https://www.foodstandards.gov.au/code/applications/Documents/A1138%20Approval%20report.pdf

caso estuvo muy en boga en los círculos científicos a fines del año 2017 tras su aprobación en Australia y Nueva Zelanda, pese a su descubrimiento hace 19 años. Por otro lado, dado que todo lo que se consume hoy es transgénico, se podrá apreciar qué tan importante es, considerando el volumen de alimento que se requiere en nuestro planeta y las considerables mejoras no sólo en su aporte nutricional sino en su volumen o tamaño, lo que permite llegar a más personas.

Zanahorias originales v/s zanahorias transgénicas

Ahora último, no sin la consiguiente avalancha respuesta cargada de mofa y bromas al respecto, está muy en boga el discurso de los terraplanistas, quienes indican que una conspiración masónica e Illuminati hace creer al mundo que la tierra es redonda y no plana como ellos aseveran. Si cree que le hablo de los años 1400 cuando hubo un movimiento terraplanista similar, ignorando el conocimiento entregado en ese respecto por los griegos casi mil años previo a nuestra era debido a ciertas interpretaciones artísticas, se equivoca. Les hablo del año 2018 en el pleno Siglo del Conocimiento, la Tecnología y la Información. Incluso, aprovechándose de los creyentes cristianos, buscaron las bases bíblicas que indican que la tierra es plana, citando versículos de todo su espectro, y otros citando a los antiguos filósofos del hinduismo que decían que la tierra era plana y que descansaba sobre cuatro elefantes y ellos a su vez, para no caer, sobre una tortuga aún más grande. Hasta etimológicamente a la palabra planeta le buscaron la excusa para hacer más sólido su relato, apoyándose en el latín "planus", por sobre su real origen de carácter griego "planetes", que significa errante. Y así podemos encontrar teorías conspirativas al gusto del consumidor, pero con un denominador común: la desinformación.

¡Desinformación en pleno Siglo de la Información y el Conocimiento!

Parto de la premisa que, dada mi formación orientada a la tecnología me es más fácil el conseguir información y/o realizar búsquedas y avanzar un par de pasos más allá de la Wikipedia, aunque como punto de partida no está mal dicho sitio. Sin embargo, aún sin esa formación académica, los canales por donde fluye la información el día de hoy son tan variados, asequibles y con un nivel de inmediatez poco antes visto, que casi no hay excusa. Quienes tuvimos que hacer trabajos, ya sea para colegio o universidad, utilizando sendas enciclopedias donde la información era acotada y escasa, sin bibliografía relacionada y escaso o nulo contenido multimedial, sabíamos que hasta un Icarito o un Apuntes (googleen los centennials) era casi un tesoro en esos tiempos escolares. Ni hablar del que tenía un Almanaque, Espasa o similar. Luego con la llegada de las Encarta de Microsoft algo se mejoró. Sin embargo, hoy es posible buscar en la red de redes hasta la información más arcana posible en tan solo un par de clics, recoger las referencias que en las primeras búsquedas aparezcan e incluso comprar o hasta bajar gratuitamente de internet el o los libros requeridos del autor que se quiera. Para quien no guste de la información digital, existe la posibilidad de comprarlo en formato clásico (papel), pese al sufrimiento de un par de arbolitos, y éste le llegará a domicilio en un par de semanas. Ese es el nivel de acceso a la información que existe hoy y que debiésemos aprovechar como sociedad y como individuos, para ir ampliando el cerco de nuestro conocimiento e ir encendiendo ya no velas, sino tremendos focos halógenos o led, si se quiere ahorrar energía con un rendimiento similar, que mitiguen la propia oscuridad y de paso iluminar a algún vecino o círculo cercano. Parece fantasía, pero no lo es.

La realidad, como dice el dicho, a veces supera la ficción y a las ideas y permite que existan las teorías mencionadas: creacionismo, antivacunas, ideologías anti ciencia, homeopatías y placebos varios, pseudociencias, controles mentales y programación de humanos o su ADN con sonidos como el caso con el que partimos este capítulo -para las que bastan tres clics y no más de diez minutos de lectura y dejar en evidencia su intencionalidad y falsedad- y muchos otros ismos. De hecho de vez en cuando aún aparecen en las noticias de la televisión, sectas y profetas iluminados y un grupo de seguidores que le secundan en su fantasía de salvación. Aún no sé de qué, pero salvación al fin y al cabo.

Los efectos nocivos de este tipo de ismos quedan más o menos al descubierto y van desde un simple engaño hasta la vida de una persona, pasando por todos los escalones del espectro que pueda imaginar.

Las motivaciones o causas del por qué la gente cae o cree en este tipo de noticias o posverdades, insisto, teniendo un gran nivel de información al alcance de la mano y en plazos muy cortos rozando la inmediatez, según lo recogido en mi experiencia dice relación con un, a su vez, efecto de lo que provoca el siglo de la información y el conocimiento. Me explico: un efecto secundario de la inmediatez y facilidad de la información es, en mi opinión, la germinación de otro: el acostumbramiento en las personas a lo fácil, a lo breve (los 140 caracteres de Twitter y ya), lo ágil en extremo en otras palabras, que terminan a su vez acentuando y perpetuando la pereza y atonía en las personas y por consecuencia en la sociedad. En los grupos etarios más bajos este efecto es algo mayor y como sociedad y en la educación misma no lo hemos sabido revertir o aprovechar y hoy son más ostensibles sus efectos negativos que los positivos, los que son incluso mucho más en número.

Esa es una paradoja de este Siglo de la Información y el Conocimiento que no hemos logrado resolver como sociedad y que, si no es enfrentada con la seriedad necesaria, puede terminar aún peor, pues a los efectos particulares ya mencionados se les agregan los efectos globales o sociales como son, en ejemplos distintos a los mencionados, el renacimiento o aparición de grupos neonazis, grupos de odio o violencia hacia los inmigrantes, razas, condición sexual u otro, lo cual ya deja de ser un "mal menor" y puede tener consecuencias insospechadas.

A la apatía y pereza le tenemos que sumar algo no menor, como es el temor. El miedo ha sido motor de muchas de las lacras que ha padecido la sociedad a lo largo de su breve existencia. Y el temor justamente aparece cuando no hay información o cuando no se le consume. No por nada es que las religiones en tiempos remotos luchaban porque ésta estuviese siempre controlada por ellos mismos. A alguien con cierto grado de ignorancia es mucho más simple presentarle hechos irreales como si fueran ciertos. Todo dogma requiere de la ignorancia y el temor para crecer y hacerse fuerte. Para vencer el temor, la búsqueda del conocimiento y la educación es esencial.

Si bien no es un dato 100% certero, pues se trata de una encuesta y no un censo, el año 2017 UC, GFK y Adimark repitieron la Encuesta Bicentenario[11] y en ella se muestra como en sectores socioeconómicos altos, la adopción de la religión es menor. En Chile, debido al sistema neoliberal extremo, los niveles de educación y el acceso a ella están en relación directa con el ingreso, por lo que se infiere que a mayor nivel socioeconómico, mayor educación y luego, menor religión. Asimismo, en los grupos etarios de menor edad, acorde al nivel de información y educación actuales a los que ellos tienen acceso, también existe menor adopción a la aceptación de dogmas, sea cual sea este.

En palabras de Karl Popper: "La historia de la ciencia, como la de todas las ideas humanas, es una historia de sueños irresponsables, de obstinaciones y errores. Sin embargo, la ciencia es una de las pocas actividades humanas -quizá la única- en la cual los errores son criticados sistemáticamente y muy a menudo, con el tiempo, corregidos."

Concluyendo, sólo queda realizar la invitación al muy querido lector a agregar en su vida la dosis suficiente de escepticismo que le permita tener, cultivar y promover un pensamiento crítico, no sólo para no caer en estafas menores o incluso evitar la muerte por dejar un tratamiento médico formal y reemplazarlo por uno "natural" o "mágico", sino para construir desde el conocimiento y la certeza una sociedad más sana, menos pusilánime, más tolerante y más segura de sí misma que podamos heredar a las generaciones posteriores.

---

11 https://encuestabicentenario.uc.cl/wp-content/uploads/2017/10/UC-Gfk-ADIMARK_Religión.pdf

Paradoja de una declaración

Estación noviembre 2018

Un 10 de diciembre de 1948, la Asamblea General de la Organización de Naciones Unidas, realiza la Declaración Universal de los Derechos Humanos(DUDH) desde la cual este mes, diciembre del 2018, se cumplen 70 años y desde lo más profundo de este escritor, espero que se mantenga durante mucho tiempo más y celebremos en 10 años más sus 80 años y así sucesivamente hasta que la Declaración ya no sea necesaria, en cuanto como sociedad y como humanidad tengamos todos cada uno de sus artículos y trasfondos tan internalizados que no se requiera la formalidad del papel. Como, bajo mi total pesadumbre, no creo que ello acontezca mientras dure mi existencia, tendremos que seguir escribiendo sobre ello y "celebrando" el pasar de los años sobre un documento que, entre otras cosas, norma algo tan necesario como que alguien de nuestra propia raza humana no quiera pasar encima de un similar.

El origen de la DUDH radica en el término de la Segunda Guerra Mundial, en gran parte debido al Holocausto que vivió el pueblo judío en manos de los habitantes de la Alemania nazi, en hechos que ni siquiera el marco de un conflicto bélico o guerra puede avalar. Literatura y expresiones artísticas de todo tipo alrededor de él han sido tan potentes como masivas que hoy, salvo un adarme de excepciones, nadie se atreve a negarlo, desconocerlo, suavizarlo ni menos cuestionarlo. Sus artículos son un mensaje claro de la comunidad internacional en busca de un "nunca más" a las atrocidades de ese conflicto y su confección, que duró más de 2 años, fue un continuo trabajo que trató de incluir lo suficiente para que no existiesen excusas, subterfugios ni artimañas posibles para violar los DD.HH. de otro.

Según consta en una publicación de la ONU al respecto, "La Asamblea revisó ese proyecto de declaración sobre los derechos humanos y las libertades fundamentales y lo transmitió al Consejo Económico y Social para que lo sometiera al análisis de la Comisión de Derechos Humanos y que ésta pudiera preparar una carta internacional de derechos humanos". De hecho su redacción quedó asignada a una comisión compuesta por ocho estados elegidos acorde a su distribución geográfica, como método de aseguramiento de la multiculturalidad y neutralidad, cuyo comité estuvo presidido por Eleanor Roosevelt, viuda del presidente estadounidense Franklin D. Roosevelt. Junto a ella se encontraban René Cassin (Francia), Charles Malik (Líbano), Peng Chun Chang (China), Hernán Santa Cruz (Chile), Alexandre Bogomolov y Alexei Pavlov (Unión Soviética), Lord Dukeston y Geoffrey Wilson (Reino Unido) y William Hodgson (Australia). Tuvo una especial relevancia también la participación de John Peters Humphrey, de Canadá, director de la División de Derechos Humanos de la ONU [dudh.es]. De hecho, Santa Cruz, como representante de Chile, fue uno de los pocos países que en 1947 habían presentado un borrador de la declaración y donde el jurista, según consta en actas, participó activamente sobre todo con relación a la formulación de los artículos que dicen relación contra la pena de muerte y la tortura. Cómo anécdota a todo este proceso es posible destacar que Santa Cruz fue, además, el impulsor de la creación de la Comisión Económica para América Latina (CEPAL), cuyo esfuerzo se vio coronado el mismo año 1948 cuando se fundó y es la razón por la que su sede se encuentra en Chile [menschenrechte.org].

Junto con la proclamación de la Declaración, 1948 es el año de fundación de Israel, también por acción de la ONU, quienes en noviembre de 1947 aprobaron la resolución 181 que sugería la división territorial del Estado Palestino para entregarlo al pueblo judío y pudiesen formar lo que se denominó el Estado Judío, Israel.

Por supuesto que esa historia es bastante más larga que el párrafo anterior, sin embargo, llama profundamente la atención que ese Estado haya sido y continúe siendo reprendido y sindicado por varios países y por la propia ONU por sus acciones que van, justamente en la dirección contraria a la septuagenaria Declaración. El país, cuyo pueblo es prácticamente el origen de la carta de Derechos Humanos, es hoy y desde hace un tiempo blanco de innumerables reclamos por violación de ellos. El oprimido pasó en muy poco tiempo a opresor. El mundo entero quitó la guillotina de sus cuellos y, en un tris, el pueblo judío se puso la capucha negra del verdugo que tiene el cuchillo y el cepo en sus manos y hoy sin miramientos extiende un conflicto que, con la misma voluntad que tuvo el mundo otrora, pudo haberse solucionado hace bastante tiempo. Sin embargo, el egoísmo y la supremacía, tal como el de la raza aria de los 40's, dictan otra cosa.

El 2007, El Consejo de Naciones Unidas para Derechos humanos (UNCHR) criticó a Israel por impedir el envío de una investigación especial a los territorios palestinos, encabezada por el premio Nobel de la paz Desmond Tutu, para inspeccionar los crímenes y violaciones israelíes de derechos humanos contra los palestinos. Por otra parte, el año 2009, Israel fue acusado de violar 26 resoluciones de la ONU respecto a los DD.HH. Raquel Rolnik, el 2011, en una serie de visitas al territorio para labores de fiscalización respecto a los DD.HH. presentó en ONU un severo informe tras la demolición indiscriminada de habitaciones de palestino, del cual se desprenden frases como las siguientes: "*El tratamiento preferencial a los colonos israelíes es una discriminación flagrante*", "*...mientras los asentamientos israelíes se extienden en Jerusalén Este y el resto de Cisjordania, las solicitudes palestinas de permisos son rechazadas y sus casas y propiedades son destruidas*", "*Hay claramente una escalada de esta situación y el resultado es un incremento de las violaciones de los derechos humanos. Los palestinos expulsados llevan décadas viviendo en esa zona y ni siquiera reciben una compensación por parte del Estado israelí para reubicarse en otra zona. Incluso son forzados a pagar por la demolición y a pagar multas por haber construido*". "*El estado debería asegurarse de que todas las violaciones a los derechos humanos cometidas durante las operaciones militares sean investigadas imparcial, efectiva e independientemente, y sus responsables, incluidos el mando, sean procesados y sancionados conforme a la gravedad de los hechos cometidos*", señaló el Comité de Derechos Humanos de Naciones Unidas el 2014, tras un brutal ataque del ejército Israelí. El 2015, la alta comisionada adjunta de la ONU para los Derechos Humanos, Flavia Pansieri, presentó en Ginebra seis documentos sobre el tema al Consejo de Derechos Humanos, donde indicó, entre otras cosas que: "La construcción por Israel de asentamientos en los territorios palestinos ocupados es fuente de violación de los derechos humanos y atiza el conflicto regional", "*la expansión de los asentamientos israelíes en Cisjordania, incluida Jerusalén Oriental, limitan las libertades y fragmentan la vida de los palestinos.*", "*Asimismo, lastra el derecho del pueblo árabe a la autodeterminación, que es una cuestión clave para alcanzar la solución de los dos estados*". Michael Lynk, otro relator especial de la ONU sobre la situación de los DD.HH. en territorios palestinos, el año pasado (2017), describió la ocupación israelí como "*la más perversa del mundo*". El canadiense Lynk acusó en su informe a la Comisión de Derechos Humanos de la ONU así como al Consejo de Derechos Humanos al gobierno de Israel de humillar a los palestinos e intensificar la represión contra los activistas por los derechos humanos, criticando los asentamientos israelíes, el bloqueo de Gaza y el uso excesivo de la fuerza contra palestinos.

Amnistía Internacional, por su parte, desde hace bastantes años tiene una serie de publicaciones respecto a las constantes violaciones de los DD.HH. de Israel sobre el Estado Palestino y sus habitantes. En su informe 2017/18 señalaron: "*En junio se cumplieron 50 años de la ocupación por Israel de los Territorios Palestinos y 10 de su bloqueo ilegal de la Franja de Gaza, con el que sometía a alrededor de 2 millones de habitantes a un castigo colectivo y a una creciente crisis humanitaria. Las autoridades israelíes intensificaron la expansión de los asentamientos y de infraestructura conexa en Cisjordania, incluida Jerusalén Oriental, y restringieron severamente la libertad de circulación de la población palestina. Las fuerzas israelíes cometieron homicidios ilegítimos de personas civiles palestinas, entre ellas niños y niñas, y mantuvieron recluidos ilegalmente en Israel a miles de palestinos y palestinas de los Territorios Palestinos Ocupados (TPO), sometiendo a centenares a detención administrativa sin cargos ni juicio. La tortura y otros malos tratos bajo custodia, también de niños y niñas, seguían siendo prácticas muy extendidas y quedaban impunes. Israel continuó demoliendo viviendas palestinas en Cisjordania y en pueblos palestinos de Israel, sometiendo a sus ocupantes a desalojo forzoso. Se encarceló a objetores y objetoras de conciencia al servicio militar. Se amenazó con la expulsión a miles de solicitantes de asilo de África*" [es.amnesty.org].

En un dossier del 2010, el conocido filólogo y filósofo judío Noam Chomsky, señala "*Entre los elementos esenciales del problema se encuentran, desde hace muchos años, los compromisos obstruccionistas de los principales grupos políticos de Israel, el firme apoyo que su postura recibe en Washington, y la cultura política estadounidense, que ha excluido en la práctica un debate serio sobre estas cuestiones y ha conseguido desvirtuar los hechos, mientras apoya la intransigencia y el uso de la fuerza*".

El artículo fácilmente podría extenderse páginas y páginas atiborradas de citas y noticias respecto a las violaciones a los DD.HH. de Israel respecto a los palestinos. Sin embargo, con la variedad expuesta es posible que el lector se dé cuenta de esta cruda situación internacional que nos aqueja como habitantes de un mismo planeta.

Las violaciones a los DD.HH. perpetradas por Israel[12] tienen una larga data y así están documentadas en los propios anales de las comisiones de Derechos Humanos de la ONU y de otras instituciones preocupadas de la paz mundial y el respeto a las necesidades mínimas de convivencia agrupadas en lo que hoy conocemos como Derechos Humanos, cuyas violaciones perpetradas por estados u organizaciones son injustificables.

El trasfondo del artículo no busca, en ninguna circunstancia, ni tomar partido por una u otras naciones ni de este ni de otro conflicto, sino poner en evidencia el cómo una situación específica, incluso una tan importante como son los DD.HH., puede verse afectada a niveles impensados, al punto de que la alguna vez principal víctima, se convierte en principal victimario.

¿Cómo es posible que, considerando los grandes avances que hemos tenido como humanidad en cuanto a respeto al otro, haya transitado tan brevemente desde un extremo al otro? ¿Qué tenemos como seres humanos que no somos capaces de darnos cuenta, aun habiendo sido blanco de una situación, traspasar las barreras que nos ubican justamente en la posición que alguna vez aborrecimos?

---

12 https://www.dci-palestine.org/year_in_review_2018_reigned_deadly_force_on_palestinian_children

La situación actual del mundo en que vivimos nos muestra una escalada de justificaciones a una serie de opiniones que van en contra de la humanidad misma y podemos ver como se hacen cada vez más ostensible el rebrote de fobias antiguas, tales como, xenofobia, homofobia, racismo, misoginia y otras fobias nuevas como la aporofobia, bifobia, lesbofobia y varios otros odios más que proliferan entre la sociedad actual. Peor aún, los hay en sectores de escasa edad, lo que implica un futuro poco auspicioso respecto al respeto al otro, a la valoración de los derechos humanos y otros tópicos más en torno a quienes comparten nuestro espacio-tiempo. Así lo refleja un estudio sobre educación Cívica y Ciudadana de la Asociación Internacional para la Evaluación del Logro Educativo (IEA), aplicado a niños de octavo básico de México, Colombia, República Dominicana, Perú y Chile, que comenté hace un par de semanas con un narrador histórico chileno, autor de varios Best Sellers, y cuyo último libro llamado Dictadura, contiene hechos sobre el cruel período acontecido en Chile durante los años 1973 y 1990, donde se violaron sistemáticamente los DD.HH., en la cual, en promedio un 50% prefería perder la libertad con tal de asegurar beneficios económicos o seguridad. Chile obtuvo un promedio de 52 y 57% respectivamente. Cuan notoria, es entonces, la falta de educación cívica en nuestros hijos, en la juventud y cuán frágil es el futuro tanto de Chile como el de los otros países si no hemos sido capaces de inculcar en ellos el valor de la libertad, el respeto a la vida humana y del otro, en toda su dimensión. André Glucksmann, en su libro El Discurso del Odio del 2005, se preguntaba "*si el odio merece odio" y se respondía que "para combatirlo basta con sonreír ante su ridículo*". Sin embargo, Adela Cortina, filósofa española actual de renombre, señala "*no creo que haya que sonreír ante el odio, ni siquiera con desprecio. Porque es destructor y corrosivo, quiebra el vínculo humano y provoca un retroceso de siglos*".

No puedo sino estar más de acuerdo con esta última frase. A veces siento que retrocedemos a pasos agigantados los pequeños pasos hacia el frente que dimos como humanidad el último decalustro. Hoy el discurso de la tolerancia, bandera principal del librepensamiento, se ve pisoteado por el avanzar sin tregua de este tipo de, no tan sólo discursos, sino también acciones. Lamentamos como sociedad mundial el asesinato hace un par de semanas en Brasil de dos miembros de una organización LGBTI en manos de violentistas partidarios del actual presidente Jair Bolsonaro, quien ha dado muestras inexplicables e injustificables de una serie de discursos cargados de odio que, una vez sembrados en oídos de desalmados, no existe tijera que pueda cortar el crecimiento de tal maleza y cuyo desconocimiento o intento de bajar el perfil, abre una puerta a una inimaginable Caja de Pandora que, al menos yo, no deseo abrir ni siquiera para de reojo ver su contenido. No merecemos, como sociedad, tan severo azote que sólo busca la extinta supremacía de unos en desmedro de otros. "Dios por encima de todo, Brasil sobre todos" fue uno de los eslóganes de su campaña y la comparación con el "Deutschland über alles" es tan inevitable como trágica. La migración masiva en Venezuela en manos del actual gobierno ha provocado sendas heridas tanto en sus habitantes, como en el mundo entero. La migración masiva en la "Marcha de Honduras" es otra muestra y lamentablemente, habrá tantas de éstas como espacios queramos llenar.

Para finalizar, en un suspiro de sana autocrítica y optimismo frente a lo aquí expuesto, transcribo parte de un discurso durante el Día de Recordación del Holocausto, dado por Yair Golan, un soldado Israelí, quien afirmó que hay "*vestigios*" de las "*espeluznantes tendencias*" de la Alemania nazi en Israel. "*Me atemoriza ver vestigios entre nosotros de las espeluznantes tendencias que reinaban en toda Europa y especialmente en Alemania hace 70, 80 o 90 años*", afirmó el militar, cuando cuestionó un incidente en Hebrón, Cisjordania, en el que un soldado israelí le disparó en la cabeza a un palestino herido que estaba en el suelo. "*No todo lo que hacemos es correcto*", manifestó en esa ocasión.

En 1948, tras una serie de considerandos, La Asamblea General de la ONU proclamó:

"La Declaración Universal de Derechos Humanos como ideal común por el que todos los pueblos y naciones deben esforzarse, a fin de que tanto los individuos como las instituciones, inspirándose constantemente en ella, promuevan, mediante la enseñanza y la educación, el respeto a estos derechos y libertades, y aseguren, por medidas progresivas de carácter nacional e internacional, su reconocimiento y aplicación universales y efectivos, tanto entre los pueblos de los Estados Miembros como entre los de los territorios colocados bajo su jurisdicción.

Artículo 1

Todos los seres humanos nacen libres e iguales en dignidad y derechos y, dotados como están de razón y conciencia, deben comportarse fraternalmente los unos con los otros.

Artículo 2 ...".

Son 30 artículos en total. Desde mi humilde posición, pido a Israel, a Bolsonaro y al mundo entero en general, promover, difundir o tan solo respetar el primero de ellos.

¡Somos todos iguales, Queridos Humanos! ¡Paremos el fratricidio!

Clericalismo 2.0

Estación enero 2019

Hace unos meses atrás, y en plena campaña presidencial brasileña, comenté en el capítulo anterior las alertas ante un discurso populista-nacionalista de uno de los candidatos en esa elección con un claro acento en la religión local. Los avisos o alarmas, levantadas a nivel mundial, poco incidieron en el resultado, pues el candidato obtuvo un 55,13% de las votaciones y así es como Bolsonaro llega al poder de uno de los países más importantes de la zona latinoamericana. El exmilitar de ultraderecha es un declarado nostálgico de la dictadura militar de ese país que inició con el período de Castelo Branco en 1964, donde se suspendió la constitución, se eliminaron los derechos políticos y la consiguiente fase de persecución, torturas y asesinatos por parte del estado y que concluyó en 1985 con el período de Figueiredo. Las bases de Bolsonaro, pese a que pertenece a la religión católica, están en los grupos evangélicos (donde se hizo bautizar pocos meses antes de la elección) y el lema de su campaña fue "Brasil por encima de todo, Dios por encima de todos". Así, tal como lo lee, la similitud con el deutschland über alles (Alemania por sobre todo) erradicado en la propia Alemania tras el régimen nacionalista nazi, es inexorable. Y si lo anterior era ya execrable, agregar a ello el "Dios por encima de todos", constituye una violación sin nombre al Estado Laico que tanto ha costado hacer respetar por este lado del orbe y que nos hace retroceder como sociedad al menos dos siglos, si no es que tres. En el tema político, cada candidato, dentro de los límites a veces algo febles que nos da la democracia, puede proponer lo que desee y es el pueblo soberano, en ese sentido, de elegir tal o cual camino. Sin embargo, cuando se apela a la religiosidad y se violan los principios de un Estado Laico, la canción es distinta y toma ribetes que son y serán nefastos para la promoción del librepensamiento en la sociedad actual, cuyos trofeos principales tras el derrocamiento de la gran mayoría de los estados confesionales que dominaron el mundo y que hicieron del conocimiento en el mundo algo prohibido, sumiendo a la humanidad a un período cargado de ignorancia, intolerancia, odio y violencia como no hay otro en el corto período de la historia del hombre en el universo, son justamente las relacionadas con la tolerancia y la libertad de expresión y de convivir con nuestra diversidad.

En la práctica, Bolsonaro, al contrario de lo que ocurre con la mayoría de los gobernantes tras ser electos, no moderó su discurso de campaña, sino que lo acentúa y ha elegido ya a los 22 que serán sus ministros, con sólo 2 mujeres (menos del 10%), reafirmando su misoginia y un fuerte contingente religioso que detallo a continuación. Damares Alves, es una pastora evangélica ultraconservadora de la Iglesia Cristiana Cuadrangular, quien indicó en una prédica que se "*le apareció Jesucristo debajo de un árbol de guayabas*" y "*Es el momento de avanzar, es el momento de que la iglesia ocupe la nación, es el momento de decir para qué vinimos, es el momento de que la iglesia gobierne*" en otro discurso, y que estará a cargo, paradójicamente, del Ministerio de Mujer, Familia y Derechos Humanos. Conocida por todo el mundo es la postura fundamentalista del concepto mujer y familia del cristianismo evangélico, del cual ya comenzó a hacer gala esta funcionaria pública, al indicar en sus primeros días que "*los tiempos han cambiado, los niños vestirán de celeste y las niñas de rosado*", con la consiguiente avalancha de respuestas e ironías desde todos los ángulos de la sociedad. Ricardo Salles, es un abogado del grupo Endireita Brasil, una organización que promueve los valores ultraconservadores, abiertamente declarado simpatizante de la dictadura brasileña y en contra del derecho de elección de la mujer para la maternidad, de la unión civil de personas del mismo sexo y fundamentalista religioso contrario a los derechos de las minorías. Tereza Cristina, también conocida como la "musa del veneno" por su apoyo a los agrotóxicos, formó parte de la bancada BBB (Buey, Biblia y Bala) de la ultraderecha brasileña. Marcelo Álvaro Antonio, quien ocupará el ministerio de Turismo, pertenece a la misma bancada (BBB), y es un evangélico de 44 años miembro de la Iglesia Cristiana Maranata indica que una de sus funciones es en todo lugar "*velar por la palabra de Dios*". Ernesto Araújo, quien es un admirador de Trump, antiglobalización y contrario a las políticas medioambientales, calificando incluso el cambio climático como una "*estrategia del marxismo*", ocupará la cancillería. De la globalización indica en su blog: "*esencialmente es un sistema antihumano y anticristiano*". Otra de sus famosas frases es: "*Otros pecados a combatir del marxismo son el Estado Laico y el 'racialismo', es decir la división forzada de la sociedad en razas antagónicas. Abrirse a la presencia de Dios en la política y la historia. La fe en Cristo significa hoy luchar contra el globalismo*". Por último, para efectos de no extender el capítulo, puesto que la lista es aún más larga, mencionaré a Ricardo Vélez, un teólogo colombiano y profesor en una academia militar, quien se hará cargo del Ministerio de Educación y una de sus premisas es: "*el actual sistema educativo impone un adoctrinamiento de índole cientificista y enquistada en la ideología marxista*" y en su discurso inicial indica que está en contra de lo que él denomina ideología de género y aplicará la llamada "ley mordaza" a los profesores de menores de edad y en su carta de aceptación indicó que su objetivo en educación será la "*preservación de los valores tradicionales*". Vélez y Araújo fueron sugerido a Bolsonaro por el astrólogo Olavo de Carvalho, un exmusulmán que se convirtió al cristianismo ultraconservador y es considerado "gurú ideológico" por el actual presidente brasileño. Entre otras opiniones del astrólogo y asesor presidencial, indicó que "*no está probado que la tierra gire alrededor del sol, ni la evolución y que la inquisición es un invento de los protestantes*". Yo sé que les costará creerlo, tanto como a mí, pero lamentablemente es real. De paso trata a Einstein de fanfarrón. Véanlo con sus propios ojos [https://www.youtube.com/watch?v=cV48LjgPXFk].

Desde hace algunos años la corriente evangélica, de entre las variantes dogmáticas del cristianismo, ha impulsado con éxito a sus fieles a incursionar en la arena política y es así como en el mismo Brasil se ha generado una importante bancada llamada de la Biblia (parte de la bancada BBB) y Chile no escapa a ello y en el último debate de una ley en nuestro país hubo invocaciones a la deidad de turno profesada por la incipiente bancada evangélica que se está formando en el congreso. En Argentina en plena discusión de ley de aborto la intromisión de las iglesias a través de adherentes con rango parlamentario, que no supieron separar su creencia personal de una ley para toda una nación, fue escandalosa al punto que organizaciones sociales promovieron campañas de apostasía colectiva con bastante éxito y reconocimiento a nivel mundial, en respuesta a esta intromisión. Costa rica por su parte lleva un sufrido proceso de creación de Estado Laico y dejar de ser el único país confesional de América.

Las organizaciones de creyentes agrupadas en iglesias, tienen innegablemente bastante arraigo en las zonas populares, de baja escolaridad, con escaso nivel cultural y con poca participación en política y en la sociedad, por lo que influir sobre ellos en una votación es más fácil que en otro segmento con mayor índice y es justamente donde, con asaz habilidad, estas instituciones crean sus redes y extienden sus influencias, las que luego convierten en votos para los candidatos que abrazan sus postulados y que no saben diferenciar la sana existencia de una espiritualidad y creencia particular versus la imposición de éstas por los caminos de la ley y la política. De hecho, hasta el pudor en ese sentido se ha perdido y, con insana complacencia y pasividad, hoy se escuchan discursos de los parlamentarios de la bancada evangélica que indican que "*la opinión del pueblo evangélico podría plasmarse efectivamente en las discusiones legislativas*"[Eduardo Durán] pues, en sus propias palabras "*El gobierno es sirviente de Dios y debe garantizar que las leyes y la praxis social no se opongan a los mandamientos bíblicos*" [Rodolfo Torres, concejal en Viña del Mar por RN].

El mundo europeo, hace bastantes años, ya pasó por esta situación y, si bien no está del todo extirpada, sus avances son considerables respecto a lo que acontece en Latinoamérica o en la zona del medio oriente, donde son estados confesionales y en los casos más extremos teocracias, donde casi no existe el librepensamiento, el laicismo y la libertad, ni siquiera del "free speech" norteamericano y donde existen penas hasta de muerte para quien opine distinto. La pregunta es ¿Queremos volver, no un siglo, sino 5 o 6 siglos atrás? ¿Qué pasaría si, hipotéticamente, en alguna elección posterior llegase un creyente musulmán al poder y quisiera hacer lo mismo que intentan hoy estos grupúsculos evangélicos y católicos? ¿no sentirían atropellados sus más íntimos derechos al ver como otro intenta pisotear por ley su propia creencia o forma de vivir?

En el mundo hay más de 4200 religiones vivas [Kenneth Shouler, 2010] e incalculables extintas, con sus correspondientes 4200 lugares de premio y castigo tras su muerte, muchas veces incluso contradictorios uno del otro, y la adopción de una de ellas por sobre las otras o ninguna no nos hace tan distintos, sólo tenemos una diferencia por sobre 4200 opciones, es decir, creyentes y no creyentes de cualquiera de las mencionadas somos un 0,023% distintos lo unos de los otros.

Dado que vamos a compartir tiempo y espacio en esta era, ¿no es mucho mejor que cada cual mediante un proceso personal y de manera intrínseca, respetada, pero también respetuosa, podamos elegir ese camino? ¿Por qué tiene que venir un iluminado a imponer por ley sus creencias? Cada iglesia tiene libertad para abrir cuanto templo, capilla, sala de reuniones, iglesias, sinagogas, mezquitas, salones o cuanto nombre reciban acorde a la creencia y es ese, mis queridos creyentes, el espacio al cual asisten libremente sus fieles u oyentes y donde ustedes deben exponer sus puntos de vista y los derechos o deberes que dicta su libro y creencia en particular. ES vuestro espacio sagrado. Por el contrario, el congreso, el edificio del presidente y todos los gubernamentales, no tienen ni deben tener espacio para culto alguno, pues basta que tenga para uno para que sea injusto para todo el resto, aun cuando fuesen mayoritarios. El estado y su infraestructura pertenece a todos los habitantes de un país, sin discriminación alguna, ni siquiera cuando sea uno en millones y su función es gobernar para todos, sin caer en vicios que ya son pretéritos y debiesen estar superados en la historia del homo sapiens. No es culpa del estado si vuestros discursos no tienen el efecto que ustedes quieren en sus lugares de reunión o que ellos estén prácticamente vacíos o con pocos adherentes. Tienen trabajo, claro que sí, pero el estado no es la herramienta que necesitan y así lo refleja la última encuesta CEP[13] que indica que las personas que piensan que "Las autoridades religiosas no deberían tratar de influir en la forma que votan las personas" con un 63% versus un 18% que piensan al contrario.

---

13 https://www.cepchile.cl/cep/site/artic/20181218/asocfile/20181218093906/encuestacep_oct_nov2018_te_religion.pdf

Tecnología y Vida: Congreso Futuro. Ciencia y Tecnología Laicistas

Estación marzo 2019

Entre el 14 y el 20 de enero Chile albergó una actividad espléndida y magnífica, cuyas repercusiones además de la inmediatez, se verán en el largo plazo. Me refiero a el llamado Congreso Futuro, y lo hizo con gran éxito y con una cantidad espectacular tanto por calidad como por variedad de científicos, filósofos y personajes de alto nivel de todo el mundo, incluido Chile, quienes en sus charlas intentaron entregar su punto de vista a la pregunta de este año: ¿Qué especie queremos ser?

Los temas abarcaron la alimentación del futuro, movilidad de las poblaciones, tecnología aplicada en diversas áreas, inteligencia artificial y conceptos de conciencia, medicina del futuro, cosmovisión, entre muchos otros temas, que fueron desarrollados en formatos de charlas o de paneles de conversación tanto en Santiago como en regiones y disponible para todo el mundo a través del streaming en vivo y la posterior publicación de podcasts una vez terminado, para poder ser visto cuando se tenga la oportunidad.

De los muchos temas que se trataron en el congreso, recogeremos la Inteligencia Artificial. Hoy más que nunca el término Inteligencia Artificial(IA) se hace presente y lo vemos en distintos lugares en diferentes ámbitos, sin embargo, en la población general el concepto de IA tiene un trasfondo algo errado, quizá debido a Hollywood y su industria, donde se nos presenta un panorama del futuro algo caótico, con máquinas antropomorfas construidos de metales cada vez más indestructibles en conflicto con la humanidad queriéndonos someter a través de una guerra o rebelión, como nos lo explica Mercedes Bunz, filósofa alemana especialista en periodismo tecnológico y autora de dos libros en esa línea, en su presentación "Hacia una conciencia artificial". Es así como los T-1000, para los que somos más antiguos, o el superpolicía Robocop son la primera imagen que se viene a la mente, o la rebeldía del cerebro positrónico en "Yo, robot" u otros cyborgs que buscan burlar las archiconocidas tres leyes de Asimov respecto a la robótica. Sin embargo, para el desencanto de los lectores, la Inteligencia Artificial es bastante distinto. Machine Learning es una de las ramas de la IA que hoy más suena en los ámbitos técnicos del área, entre los que me encuentro, y las compañías están ávidas a la implementación de ellas, pues bien aplicada, la técnica de ML transforma los datos en una buena fuente de ingresos o mejoras en la productividad y si bien en las compañías también ya escucharon de ello y lo aplican, somos todo el resto quienes recibimos estos efectos y somos los consumidores directos.

Cuando buscamos en Google, antes de terminar la frase y acorde a nuestro comportamiento en esa web y a patrones comunes similares, el sitio, a través de un robot (no antropomorfo, sino un algoritmo capaz de aprender acorde a la información que procesa y que es ejecutado en un computador un poco más grande que en el que se hace la consulta), está completando la búsqueda por nosotros y normalmente con mucho éxito en la "sugerencia". Cuando abrimos la aplicación GPS móvil Waze, éste, acorde a la hora y lugar en que nos encontremos, nos pregunta "ahora va a [INSERTE AQUÍ SU DESTINO USUAL]?" y nos ahorra, si es que coincide la sugerencia, el tener que nosotros indicarle a dicha app el destino cuando subimos al auto. Amazon, el gigante del retail, acorde a nuestro historial de compras o incluso búsquedas recientes nos presenta las mejores ofertas o productos relacionados con lo que necesitamos o con lo que solemos comprar. En áreas diferentes al comercio, la IA sirve para mejorar tránsito automotriz, para realizar predicciones utilizando patrones de comportamiento de variables, etc. Es decir, vemos y experimentamos los efectos de la IA día a día, sin saberlo, aunque aprovechando su aplicación. Lamento entonces, haberlos decepcionado si esperaban a algún miembro de los Transformers, a Ultrón, una súper mente de pura IA o de otra película de ciencia ficción, sin embargo, en mi opinión, considero que la realidad es bastante mejor y mucho más prometedora, además de útil, aunque declaro que no estaría descontento con J.A.R.V.I.S. Por otra parte, la ciencia tiene que estar integrada con la sociedad y está ahí en parte la gran importancia de Congreso Futuro, y los aspectos éticos están ahí justamente para poner la cuota necesaria de humanidad en los avances que se realizan. En palabras de Thomas Malone, director del MIT Center for Collective Intelligence, es justamente nuestra tarea ver "*como la ética puede ayudar a la relación computador - humano*". "*Necesitamos usar súper mentes globales para la toma de decisiones*", señaló, y en ese campo la sabiduría está en el cómo hacer cosas consistentes con nuestra ética. Recordemos que la tecnología, la IA, la robótica y/o cualquier otra rama relacionada hace exactamente lo que programa el humano en ellos y, anecdóticamente, los "malos de la película" no son los robots, sino nuestros yerros en su construcción y programación, aun cuando existen varias certificaciones de aseguramiento de la calidad en ellos. Bunz en su presentación comentada al inicio cita de manera perfecta a Maturana y Varela, filósofos chilenos, "*Todas las máquinas que el hombre fabrica, las hace con un objetivo, práctico o no -aunque sea sólo el de entretener-, que él especifica*" (De máquinas y seres vivos. Autopoiesis: la organización de lo vivo).

Richard Dawkins por su parte, en su charla magistral del segundo día, nos recordó un viejo problema ético que consiste en la decisión de mover o no una palanca en una vía de tren. De hacerlo, muere una persona. En caso de no hacer acción alguna, el tren atropella a cinco. Por supuesto es un problema que no tiene solución, desde el punto de vista de la ética humana. Este dilema publicado a fines de los 70's por Philippa Foot, toma fuerza hoy que se desarrollan automóviles que no requieren conductor y lo hacen a través de sensores. ¿Cómo debiese ser programado el automóvil, por ejemplo, en el caso que corte los frenos y tenga el robot interno que decidir entre atropellar a cinco personas que cruzan un paso de cebra o matar a su dueño estrellando el automóvil contra una pared para salvar a las otras? En otro ámbito, un poco menos aciago al menos en cuanto a vida humana, Malone aclara que, mal utilizada, esta súper mente o la IA puede poner en riesgo la democracia en un país pues, generando fake news de alto impacto se puede coaccionar el voto de una población en un sentido u otro, como de hecho vimos hace poco en la nación más extensa de Latinoamérica, Brasil, donde el uso de las noticias falsas de manera constante modificó las fuerzas políticas en la población, siendo difundidas a través de WhatsApp. En ese mismo panel, estaban Rob Knight y Giovanna Mallucci, quienes, ahora en la cara buena de la moneda, reconocieron el aporte de la IA en la detección del Alzheimer y experimentos asociados, en los que incluso se logró que ratones recobraran recuerdos, lo cual es un avance, pero se está lejos, sin embargo, de la cura. Mirando el vaso medio lleno, 20 años atrás éstos se morían rápidamente. En cuanto a los avances en la técnica genética para revertir el cáncer se ve más cerca la meta, aunque aún faltan bastantes pruebas por realizar. Por supuesto que no faltarán quienes en algún minuto comiencen a hablar de eugenesia y tomará importancia lo indicado por Malone, en cuanto a la ética. No obstante, dado que no trataremos este tema en extenso en este capítulo, les dejo planteada la pregunta. ¿Cuál es o debe ser el límite exacto en que los avances en genética y genómica se consideren medicina y cuándo se traspasa esa línea y se convierte en eugenesia? Creo que en la respuesta a esa pregunta está la clave para la pregunta ¿qué especie queremos ser? que convocó el Congreso Futuro de este año. Para ver lo difícil que es responder a ello, autoanalicen la pregunta de manera global, vean si desafía o no la ley de su dios de turno y una vez que hayan respondido si es eugenesia o no, ahora hagan el mismo análisis poniendo a un hijo próximo a nacer o ya nacido en el lugar del "enfermo" y decidan si estaría bien o mal aplicar el tratamiento.

Fuimos animales enfermizos en el principio de la evolución darwiniana. Hoy somos el sapiens que venció los aspectos negativos de la naturaleza y de alguna manera tiene control parcial sobre ellos. Mayana Zatz, en el panel denominado "El Rompecabezas Genético desafiando Las Leyes de la Naturaleza" comentó que gracias a la genética y la genómica seremos mucho más longevos a futuro y trabaja en un estudio sobre los genes que retrasan o impiden el envejecimiento acelerado, denominado gen protector. Comentó también en ese panel acerca de cómo se pueden reconstruir hígados con células del paciente mismo, evitando el potencial rechazo, mientras se le instala otro impreso en 3D y reinstala el concepto de medicina a la medida del paciente ya no de manera genérica como lo es hoy, sino, tal como dice el concepto, a la medida del ADN del paciente. Es un gran paso, sin duda, y el concepto nació hace ya tres décadas, pero se ha intensificado el último tiempo, gracias justamente a los notables avances al respecto. Moshe Szyf en el mismo panel da cuenta de los avances en epigenética y la posibilidad de prevenir ciertas enfermedades. La analogía con la informática fue notable, donde indica que el ADN es el hardware, la secuencia de ADN es el sistema operativo y la Metilación (proceso por el cual se añaden grupos metilo al ADN para reprimir la transcripción génica) es el software que se corre en ese hardware con ese sistema operativo, el cual puede ser entonces, modificado. Por su parte, Florencia Tevy profundiza en el concepto de terapia génica, con lo que, además de la medicina a la medida, el medicamento también será a la medida, lo que se denomina Farmacogenómica, cerrando lo que se ve como un futuro prometedor para la especie humana y para las personas que elijan vivir longevamente.

En otra presentación, aunque siempre hablando de ciencia y tecnología, el Dr. Fei Yue Wang, nos invita a conocer más acerca de su tesis, la cual plantea tres puntos relevantes:

- *En un principio había pocos datos y se generaron grandes leyes versus el hoy que posee muchos datos que generarán leyes pequeñas.*
- *Existe y existirá un mundo real en paralelo a la existencia de un mundo artificial.*
- *De la vieja TI (Tecnología de la Industria), se pasó a la actual TI (Tecnologías de la información) y estas serán reemplazadas por la nueva TI (Tecnología Inteligente).*

Las realidades planteadas en lo expuesto por Yue Wang y por el resto de los científicos nos debe hacer reflexionar sobre nuestra actitud frente a la tecnología, sus implicancias y la importancia que éstas están provocando en nuestro diario vivir porque, guste o no, queramos o no, éstas irán en constante aumento y si bien lo hacen de manera silenciosa, sus efectos están latentes y actúan sobre nosotros día a día. Sin ir más lejos han cambiado nuestra manera de vivir, nuestra manera de trabajar, de comunicarnos, de relacionarnos y analizan y moldean nuestro comportamiento. Y no sólo abarcan nuestro planeta, puesto que el mismísimo José Maza, el más importante astrónomo chileno, considera que en menos de veinte años estaremos en Marte y, tal como el viaje a la luna nos regaló un sinfín de aparatos tecnológicos que usamos a diario, como el microondas, este nuevo desafío espacial nos debiese legar otros tantos más.

Este congreso sin igual, que debiese ser realizado en un estadio "a tablero vuelto" y no en un lugar con capacidad de unos pocos cientos de personas, pues el conocimiento, aunque inicialmente superficial del estado del arte de la ciencia y la tecnología, debe ser el "desde" para quienes habitamos este planeta, pues los efectos de éstas no discriminan género, raza, edad, condición social, económica, educativa, laboral ni alguna otra. Al parecer la ciencia y la tecnología entienden el trasfondo del laicismo más que cualquier otra disciplina.

Fuente: Iniciativa Laicista

Laicismo como Baluarte de la Igualdad

Estación mayo 2019

La RAE, en su primera acepción para la palabra igualdad indica: “Conformidad de algo con otra cosa en naturaleza, forma, calidad o cantidad”. En esa definición pesa todo el sentido de sus derivados que hoy están en la palestra, como signo inequívoco de avance en cuanto a grados de humanidad: “igualdad social”, “igualdad de derechos”, “igualdad de género”, “igualdad ante la ley”, “igualdad salarial”, “igualdad de oportunidades” y varios otros conceptos que están atados al vocablo igualdad y que le asignan una cualidad específica acorde al tema que se esté tratando. Sin embargo, todo apunta al mismo eje y sentido tal que la frase “reducir la desigualdad” aplica a todas ellas y es ahí donde justamente radica lo indicado en un principio, referido a elevar lo humano en la humanidad. Siglos de historia han tenido que pasar para que como seres que compartimos la misma raza, la humana, que habitamos el mismo planeta y respiramos (bueno, casi) el mismo aire, hayamos entendido que tenemos que respetarnos los unos a los otros más allá de nuestras diferencias. Los postulados que remarcan la igualdad de las personas están en el artículo N°1 de casi todas las constituciones de los países y, en cuanto la igualdad social, existen hasta coeficientes, como el GINI, para ser medidos. ONU, por su parte, gasta millones en capacitación y difusión de la importancia de la reducción de la desigualdad en todo sentido y cientos de otras ONG se le unen en dicha tarea de manera parcial o total.

Desde Pollain de la Barre –quien valientemente abogó por la libertad religiosa y es conocido, además, por ser el primero en defender la igualdad de los sexos en el siglo XVII, abogando por las mujeres y el desigual trato que poseían, el que indicaba provenía del sistema cultural– hasta un sinnúmero de paladines contemporáneos, han enarbolado las banderas de la igualdad y buscado corregir el defecto cultural de la segregación y la discriminación, que no se condice con nuestra condición de cohabitantes del mismo espacio/tiempo, ni menos con el más preciado significado de la palabra humanidad. Hemos vivido la lucha por la igualdad racial, uno que otro avance en la discriminación a la mujer, pocos avances en la superación de la brecha social, entre otros episodios.

Los factores que gatillaron la desigualdad en todo orden de cosas que hoy se viven son múltiples y tienen también orígenes diversos. Sin embargo, tal como señaló De la Barre de manera tan certera tres siglos y medio atrás, no tienen asidero en nuestra naturaleza, sino en nuestra cultura y como tales son factibles de ser modificados y de eso se está encargando la generación actual, cuya gesta, sin duda alguna, quedará en los libros de historia que serán leídos y recordados por nuestros nietos y bisnietos como un trago amargo de nuestro aprendizaje, tal como nosotros recordamos las quemas en la hoguera de antaño, la esclavitud "formal" y otros defectos que nuestros antepasados se encargaron de disolver, sin la posibilidad siquiera que ni algún racconto o analepsis nos vuelva a hacer caer en semejantes atrocidades.

Hoy, con algo de candor e inocencia, soñamos con que esta historia termine de la misma manera; a pesar del reflote de minorías que además de justificar la desigualdad específica, sea racial, de género, social, etc., contaminan constantemente las redes sociales e incluso algunos medios tradicionales con discursos que van justamente en la línea que busca conservar el statu quo, al cual incluso denominan "sentido común". Si bien estos grupúsculos no han logrado plasmar en la realidad sus discursos, dado que, contrariamente parece que el "sentido común" del resto de la población va en un camino con 180° de diferencia, es de todos modos preocupante que existan personas que aún quieran discriminar al otro por cualquiera de las cualidades mencionadas. ¿A qué le temen? ¿Cuál es el problema con la aceptación de la diversidad? ¿Cuánto tiempo más tiene que pasar para que se valore a las mujeres y se les deje de discriminar por, fortuitamente, en términos biológicos ser quienes llevan dentro de sí a un nuevo ser y deban interrumpir su vida momentáneamente hasta que el embrión que llevan dentro se convierta en un nuevo ser humano? ¿Alguien se imagina qué pasaría si las mujeres de nuestro planeta se ponen de acuerdo y hacen una huelga común de maternidad hasta que se corrijan todas las discriminaciones que hoy sufren? No sé si es malo o bueno, pero sabemos que lo imaginado no acontecerá y quizá no tenemos como sociedad dicha presión.

Las religiones han sido, son y serán, al menos por un tiempo de mediano plazo más, uno de los centros de gravedad de la intolerancia y caldo de cultivo para la discriminación, por el trasfondo que ellas tienen y el sentido mismo de su existencia o su justificación actual. De hecho ya la principal oferta de sus textos, léase paraíso/infierno utilizado en la mayoría de las variantes cristianas, shamayim/gueinom del judaísmo, yanna/yahannam musulmán y otros lugares de premio/castigo acorde al cumplimiento de los textos de la religión particular que se sigue, ya supone una discriminación implícita o condición sine qua non su seguimiento o adherencia no tendría sentido alguno pues los creyentes de ellas buscan su propia "salvación" en ello, fomentando el personalismo y el egoísmo, aun cuando en muchas de ellas el prójimo dice tener importancia, en teoría. Sin embargo, y pese a las innegables buenas intenciones en algunos de sus trasfondos, es la literalidad de sus textos la que prevalece entre sus adeptos y, considerando el estado cultural del tiempo en que muchos de ellos fueron escritos, no terminan siendo más que un compendio de cuentos macabros llenos de asesinato, racismo, xenofobia, machismo, discriminación, homofobia e intolerancia, cuyos versos son repetidos hasta el día de hoy como una verdad absoluta por quienes ven en las distintas manifestaciones de la diversidad humana algo que atenta contra dichos párrafos y, por lo tanto, sitúan en ello un adversario, un enemigo o una enfermedad de la sociedad contra la que deben blandir sus sables de fuego.

Me encantaría, por supuesto, que esto fuera un cuento del pasado, pero no lo es. Mencioné a Poullin de la Barre como uno de los precursores de la lucha por la igualdad de la mujer, sin embargo, fue también un discriminado por su credo y abogó en su filosofía por la libertad de religión. Sus padres, dada su alta posición en la escala social de la época, le entregaron estudios formales en la academia con un doctorado en teología para ser formado como sacerdote católico. Sin embargo, tras sus estudios, se convirtió al calvinismo y fue desheredado por sus padres y perseguido por el estado al punto de tener que ir al exilio en Suiza, donde ejerció la enseñanza hasta el fin de sus días. Casos de emigración, persecución e incluso muerte por la creencia o no creencia de turno hemos revisado bastante en capítulos anteriores y no ahondaremos más en éste, sin embargo, solamente su enunciado habla de la inexorable relación entre lo macabro y los fundamentalismos.

No obstante, ese fundamentalismo en el campo de la igualdad, no se da solamente en aquellos acérrimos defensores de algún teísmo y sus postulados, sino –y es aquí donde radica el principal peligro y una de las raíces de aquellos grupos de intolerancia que mencioné en la primera parte– la ignorancia del trasfondo de las religiones a las que dicen pertenecer y el apego a lo escaso que se ha leído al respecto generan una tormenta perfecta de cuyas espesas nubes descienden mortales rayos que hacen de la desigualdad y la intolerancia el imán de sus descargas. La baja educación en historia de las religiones en general de la población y el usual desapego a la lectura y culturización al respecto de los adherentes a ellas permiten que se produzca este desfase entre lo que, suponemos, se quiso expresar y lo que finalmente llegó al oído u ojo del fiel, reflejo insuperable del resultado del conocido juego del teléfono con que nos enseñaron los profesores tiempo atrás la inclemencia de un mensaje mal transmitido.

Se encuentran hombres educados en su religión y que ven en ella no una trinchera, sino un espacio donde ejercer su sana espiritualidad, evocando el más puro concepto del religare, sin dudas. Pero son los menos. De hecho, hoy la gran mayoría de los creyentes de cualquiera de las más de 4200 religiones, según el último estudio al respecto de Kenneth Shouler, siquiera han leído completo el libro sagrado de su propia religión y, por tanto, mucho menos se han interiorizado en las raíces escritas de las otras, a las cuales incluso ven como rivales o adversarias, otorgando el nombre de infieles a quienes no practican la propia. He aquí la importancia entonces del laicismo, importante baluarte de la igualdad. El laicismo, al propulsar la separación entre la religión y el Estado, resulta ser uno de los más poderosos agentes que influyen en los cambios culturales, al punto de afectar directamente la vida personal de una persona que habita un país o territorio, promueve la tolerancia, el librepensamiento y en su máxima expresión el respeto a la diversidad y al otro en su plenitud y su esencia. El laicismo, al contrario de lo que predican algunos fundamentalistas, no pretende quitar lo que se denomina espiritualidad, sino, más bien, permitir la existencia de todas y cada una de sus expresiones, donde nadie pueda ser discriminado por tener una postura distinta a la del otro, pues respeta cabalmente el seno individual de ella, donde el deber ser marca los límites y los alcances de ésta.

Nueva Constitución: Una Oportunidad para la Laicidad

Estación marzo 2020

El próximo 26 de abril del 2020 Chile vivirá uno de los procesos democráticos más importantes del último siglo. Es una oportunidad única de cambiar una Constitución creada bajo la pasada dictadura militar, por otra sin parches "en la medida de lo posible", que refleje el sentir de los habitantes de este país y no lo que emanó de un grupúsculo que implantó violentamente un modelo de nación que ha imperado hasta hoy. La oportunidad vino, por raro que parezca con un salto de un metro de altura dado por un menor de edad a un torniquete PTS2 del Metro. El resto de la historia es conocido por ustedes y si no, cuentan sobre ella páginas y páginas en la red de redes y muchos otros medios.

Esta oportunidad debemos enfrentarla con responsabilidad y decisión y la invitación, que nunca está de más, es a asistir al plebiscito y marcar la preferencia que encarne el pensar de cada uno. Una alta convocatoria de este acto democrático es garantía de representación y signo inequívoco de madurez cívica.

Asimismo, es signo de madurez de una nación la separación efectiva y real entre estado y religiones o creencias, pues el estado y la constitución que lo rige y guía, son el paraguas de tantas cosmovisiones del mundo como habitantes tiene y se espera imparcialidad y nula intervención del ente rector en ese aspecto que es estrictamente individual e inviolable. De hecho, está catalogado por la ONU como Derecho Humano en el artículo 2 e incluso con mayor peso específico en el 18 de la DUDH.

Es por ello que la defensa de la laicidad del estado debe estar representada en la constitución para luego ser refrendada y protegida en las leyes siguientes, sobre todo las referentes a la educación, que es la principal fuente de violaciones al laicismo y al librepensamiento. Muchos países del mundo son referentes en este respecto. Francia, por ejemplo, citado como la cuna del librepensamiento y la laicidad, nos indica en su constitución en el artículo número 1 que Francia es una república laica y recalca en el mismo que sin distinción de religión, respeta todas las creencias (o ausencia de ellas). En el hemisferio norte de nuestro continente, los EE.UU. indican en su primera enmienda la prohibición al Congreso que no podrán por motivo alguno incidir en las religiones ni menos declarar "*oficial*" una por sobre otra.

Sin necesidad de ir tan lejos, la Constitución del Uruguay nos indica que "Todos los cultos religiosos son libres en el Uruguay. El Estado no sostiene religión alguna". Sin necesidad de ir al extranjero en búsqueda de ejemplos laicos, es bueno destacar el espíritu de la Constitución chilena de 1925, que logró la implantación de un Estado Laico en plenitud, en desmedro del estado confesional en que la constitución del 1833 nos tenía inmersos. La Constitución del '25 y su artículo segundo fueron la culminación de un proceso que venía dado por el set de medidas conocido como "las leyes laicas" y que permitió a Chile la separación total de Estado e iglesia y acelerar un necesario proceso de secularización que colaborara con la expansión de la ciencia, del librepensamiento, pese a la resistencia lógica que provocó en los sectores afectados. Ese fecundo proceso tuvo una violenta y abrupta interrupción con el quiebre de la democracia el año 1973 y la implantación de una constitución dictatorial y posteriores leyes y decretos, en especial el 924 de 1981 que echó por tierra seis décadas de avance en ese respecto.

Hoy en día, las creencias en general se encuentran en sostenido descenso, primero, por los significativos avances en la escolarización y educación de la sociedad, segundo, por el avance de la ciencia y por último la racionalización de fenómenos naturales que, otrora bajo un manto de ignorancia, acercaban a las personas a las religiones con características sobrenaturales. En este contexto, las sociedades con características más conservadoras también se encuentran afectas a profundos cambios al respecto. El arduo proceso de secularización y laicismo de Costa Rica, uno de los últimos estados confesionales de América, es un ejemplo.

Es por ello que tras el retroceso de la época dictatorial, esta potencialidad que tiene el país de retomar la senda del respeto total a un estado laico y laicista que adopte una neutralidad indiscutible en algo tan íntimo, individual e inviolable como es la creencia o increencia, cosmovisiones, orígenes del ser humano y de la vida en general, etc. es un paso muy importante y significativo para la libertad de las personas.

La sola posibilidad de tener una Asamblea o Convención Constituyente es de una riqueza tal, que no podemos dejar pasar y, quienes abogamos por el librepensamiento, la laicidad y la libertad y respeto del otro en todo su ser, tenemos que buscar entre las figuras de constituyentes los perfiles que permitan retomar esta importante senda y, además, de antemano pregonar y educar al respecto para aquellos constituyentes que carecen de esta premisa entre sus postulados, puedan incluirla. Ello a través de la culturización del proceso y reafirmación de su importancia en todas las instancias posibles. Francia, cuna de Voltaire y precursor indiscutible del laicismo (laïcité) que ya en 1905 había promulgado leyes que permitieran una "laicidad integral", de la mano de Waldeck-Rousseau y Combes. De hecho, en 2004 en el constante camino de avance del laicismo y el librepensamiento, garantizado por la neutralidad absoluta del estado en temas de religiones y creencias, se promulgaron leyes en contra del proselitismo de cualquier religión en escuelas públicas y el respeto por la libertad religiosa de los menores de edad que asisten a esas escuelas. ¿Es Francia, entonces, el modelo a seguir?

Si bien ninguna respuesta puede ser tajante o absoluta, es con alto nivel de certeza uno de los parámetros con el cual medirse. De hecho la laicidad, está declarada como inherente a la república en Francia y es por ello que existe mucha delicadeza en asuntos que traten este ítem y sobre todo en el aspecto educativo financiado por el Estado. De hecho, a diferencia de Chile, en Francia es posible encontrar más de 30 religiones y/o variantes en menos de un par de cuadras. Algo similar, aunque en menor medida está ocurriendo por estos lares, donde la inmigración ha crecido fuertemente y con ello el Estado chileno debe velar aún con mayor celo que todas las cosmovisiones de sus habitantes, pasajeros o permanentes, sean respetadas y ninguna de ellas sufra menoscabo al ser perjudicada mediante el privilegio de otra.

Hoy es el momento de que la sana separación de creencias y república quede refrendado en nuestra nueva Carta Magna y que las leyes que hoy permiten la violación de ese concepto fundamental sean declaradas inconstitucionales y corregidas por otra que vele por el librepensamiento y el respeto necesario a un Estado Laico, tal que, no exista la posibilidad en el futuro que instituciones que poco o nada tienen que ver con la libertad tengan injerencia en las decisiones de la población de un país. Amparados en la actual Constitución, varios representantes del poder legislativo y otras organizaciones realizaron invocaciones a los libros sagrados de su religión particular en sendas discusiones de índole técnico y legal, cuyo alcance es el 100% de la población. Es así que en las discusiones de las leyes de divorcio, aborto, matrimonios, etc. estuvieron plagadas, además de los correspondientes recursos y argumentos técnicos y jurídicos, de justificaciones o materias de índole religioso de varias de las representaciones de turno, haciendo recordar viejas prácticas y tiñendo de fundamentalismo una sana discusión republicana, como detallé en capítulos anteriores.

En época de memes, recurro al nuevo adagio "iglesia y estado, asunto separado". Pero no todo debe quedar en manos de la Constitución que se construirá a partir de abril del 2020, históricamente el mundo clerical registra variados intentos de dominación y el laicismo y la intelectualidad defensora del librepensamiento, muy necesario ayer, hoy y siempre. Cada ciudadano debe ser un actor activo en el respeto a un estado laico. "*Prácticamente en todo momento, en su propio corazón. En cada uno dormita, siempre a punto de despertar, el pequeño 'monarca', el pequeño 'sacerdote', el pequeño 'personaje importante', el pequeño 'experto' que pretenderá imponerse a los otros o a uno mismo por medio de la coacción, las falsas razones o, simplemente, la pereza y la estupidez*". El laicismo es "*un esfuerzo difícil pero cotidiano [para] intentar preservarse de ello [...]*

Apunta al máximo de libertad por medio del máximo rigor intelectual y moral [...]; exige el pensamiento libre, y ¿qué hay más difícil que el pensamiento auténtico y la auténtica libertad?" [Claude Nicolet, La République en France. París, Le Seuil, 1992].

Epílogo

Tras la aparición de la pandemia del coronavirus o COVID-19 el plebiscito que permitiría el proceso de una nueva constitución fue suspendido, hasta el cierre de esta edición se realizaría a fines de octubre del 2020, aunque podría ser alterada nuevamente la fecha acorde al comportamiento de la pandemia en Chile.

Dogmas en Tiempos de Crisis

Estación mayo 2020

La pandemia del Coronavirus COVID19 está en pleno auge y, acorde a los números, está lejos de cesar. De hecho, al momento de escribir este artículo ya íbamos en más de 4,6 millones de casos alrededor del mundo, con más de 300 mil muertos y la pendiente de ambas curvas en constante aumento, por lo que se espera una situación peor en los días venideros. Chile, en el puesto 18° a nivel mundial de casos confirmados y una creciente pugna por la poca transparencia en la información de casos contagiados y muertes.

La situación médica ha desatado una serie de reacciones tan antiguas como humanas y se han invocado ya a varios de los dioses de turno acorde a la zona correspondiente a su religión, ya sea para echarles la culpa o para pedirles que intercedan con el virus y le eliminen. En términos ya más reales, hay pandemias más o menos cada 100 años y algunas fueron incluso históricas en tiempos aún más pretéritos. De hecho la primera epidemia tiene su registro en tiempos del emperador Justiniano en el siglo VI de nuestra era, a quién Procopio, influenciado por el panegirista católico Eusebio de Cesárea, en su obra "Historia Secreta", calificó como un demonio de un emperador causante de la "creación" de la plaga a modo de castigo por sus "pecados" y como un "aviso" o advertencia del dios cristiano, muy afín a castigos y destrucciones de pueblos según sus textos sagrados, a las generaciones posteriores. En aquel entonces, la peste se extendió por Asia, África y Europa durante dos siglos y acumuló más de 50 millones de muertes y se le relacionó con la caída del Imperio Romano y transición a la época medieval.

El primero de los rebrotes más conocidos es el que se desarrolló cerca del 1.340, conocido por ser, en términos porcentuales, el más mortífero de la historia, donde se calcula que acabó con un tercio de la población. Sus orígenes coinciden en la zona noreste de África y de Mongolia, donde es endémica, debido al consumo humano de carne de marmota[14], incluso hasta nuestros días donde es ofrecido como agasajo. El animal es portador activo de la bacteria Yersinia pestis, que es el causante de la peste bubónica o peste negra, y debido a malas preparaciones de este animal se transmite al ser humano. De hecho la OMS en sus publicaciones semanales, mensuales y anuales[15] del estado de las epidemias en el mundo la incluye esporádicamente incluso hasta nuestros días. Si. La misma que lleva 2 milenios matando y que, por la irresponsabilidad humana aún persiste. Volviendo al 1300, el rebrote fue causado por el simple efecto del comercio en los alrededores del Mar Negro, muy masivo y diverso en esa zona en dicha época, a través de la ruta de la seda y embarcaciones que la llevaban en las ratas de sus barcos. Nuevamente fue atribuido a penas divinas, tanto su origen como su curación. De hecho era frecuente la creencia que se librarían de la plaga sólo una vez que fueran perdonados sus pecados. En su libro The Black Death, Mee Jr. señala que la gente empezó, con el afán de sanar, a tallar o pintar cruces rojas en sus puertas y escribir "*Señor ten piedad de nosotros*" y menciona a Clemente VI que dijo haberse sentado entre dos fuegos durante semanas. El hecho que la muerte -antes de la peste ligada fuertemente a la religiosidad de la época como el paso a la vida feliz más allá del óbito- fuese más frecuente, provocó que empezara a concebirse por la gente como algo natural o cotidiano, lejos de ese pasaje al paraíso y ello fue una de las causas esenciales del renacimiento. La experiencia de la muerte fue desligada de lo benigno o maligno, asignándose una especie de neutralidad, que dio pie a la autopercepción del hombre en sí mismo como hombre, más que como un cristiano. El concepto laico y el laicismo en sí comienza a tomar relevancia en el día a día: "*La danza de la muerte, una de las primeras manifestaciones corales de la nueva cultura laica, se presenta como una metáfora sarcástica de la imparcialidad de la muerte, que baila con todos*

[14] https://mqciencia.wordpress.com/2011/03/23/si-vas-a-mongolia/

[15] https://www.who.int/wer/2016/wer9108.pdf

los estamentos sociales, del obispo al emperador o el campesino. Pero, al mismo tiempo, aparece en ella la amargura insuperable de la aniquilación física, que da un sentido a la vida terrenal y que parece olvidarse de las promesas del paraíso. Surge un anhelo de gloria, de querer perdurar en la vida terrenal, muy característico del Renacimiento. Las tumbas se engalanan para elevar a unos muertos sobre otros en el recuerdo, y, por primera vez, el retrato adquiere tintes de género iconográfico. Los grandes hombres del Renacimiento querrán perpetuar su grandeza en un vano deseo de supervivencia humana, de inmortalidad corporal", señala Pedro García para un importante medio escrito en "¿Cómo cambió a Europa la peste negra?"[16].

Hubo rebrotes regionalizados varios entre el 1500 y el 1600. Uno de los más nombrados, además de la llamada "Peste de San Cristóbal" en España, el de fines del 1500 en Logroño, muy detallado por Pons Ibañez en su libro "Epidemia de Peste en Logroño" o la Gran Plaga de Milán del 1620, fue la Gran Plaga de Londres del 1665 que tuvo su propia muerte recién pasado el 1.666, cuando a causa del Gran Incendio de Londres se llevó consigo a la casi totalidad de las ratas negras, causantes reales de la plaga y su crecimiento. Causas simples, soluciones mundanas.

Un paréntesis entre las pandemias o epidemias masivas más letales. Cabe mencionar la vivida por los nativos americanos en 1520 cuando tras la llegada de los españoles se propagó la Viruela, traída desde Europa y para la cual no había antecedentes previos en el continente americano. El historiador Francisco Guerra escribió en torno a ella: "*el equilibrio sanitario de los pueblos americanos con su medio ambiente quedó alterado a partir de 1492, tras el contacto con los españoles que eran portadores inconscientes de nuevas enfermedades*". Las autoridades originarias se resquebrajaron y sus antiguos dioses parecían haber desaparecido, lo cual aprovecharon los españoles y su cristianismo importado para conversiones en masa, debido a la percepción del azteca que creyó ver que cuando tanto el orden natural como el divino se pronunciaban de forma inequívoca en contra de su tradición y sus creencias nativas existía un motivo. Eso

[16] https://www.lavanguardia.com/historiayvida/edad-media/20170217/47311697782/como-cambio-a-europa-la-peste-negra.html

provocó, con extraordinaria facilidad, la totalidad de las conquistas españolas. De dioses enfurecidos o traicioneros, nada.

Volviendo a la Peste Bubónica o Negra, cuenta la historia una de esas tantas reapariciones, pero que trajo consecuencias notables dentro de la historia, y que dice relación con la que hubo en el año 1720, que, también a causa de las ratas dentro de las embarcaciones, tuvo epicentro en Marsella y alrededores, donde la población de esas zonas bajó hasta en un 50%. La cuarentena, muy en boga hoy en día, en aquel tiempo hizo que los barcos se quedaran en la Isla Jarre, donde yace "El Gran San Antonio", dícese primera embarcación que trajo la peste a las costas francesas según se cuenta en el libro "Marsella" de Duchêne-Contrucci. En aquel entonces ya fue posible ver actitudes similares a las actuales, como por ejemplo que los de mayor fortuna (incluso infectados) se trasladaran fuera de la ciudad para "cuidarse", llevando consigo la plaga, así como el posterior cierre de fronteras de la ciudad, saturación de hospitales, gente muriendo en las calles y descoordinadas leyes o mandatos dependiendo de cada autoridad local, un cierre del comercio que duró más de 5 meses, incluida la pesca y labores portuarias. La plaga en aquel entonces duró 2 años y recién en 1722 se consideró la zona libre de ella, según se señala en el libro "Ciudad Muerta de Marsella: la plaga de 1720" de Carriére, Cordurié y Rebuffat.

El efecto provocado por la peste en los filósofos, científicos y/o iluminados de la época dio lugar a una búsqueda afanosa de la verdad fuera de las religiones y más cerca de las leyes físicas, las ciencias, el origen biológico de las enfermedades y la existencia del hombre, buscando un mayor conocimiento mediante el uso de la razón, en desmedro de la fe. Esto se vio reflejado rápidamente en la literatura de la época donde el aspecto clerical o religioso llegó a niveles de escasez jamás vistos y temáticas que indujeron al ser humano a dar uso a su facultad racional le fueron sobrepasados como nunca antes, al punto que el sector iletrado de la población europea, más del 80%, se vio en la necesidad de estudiar y asignaron un valor elevado a dicha característica. El Siglo de las Luces buscaba acabar con la superstición, poner fin a gobiernos tiránicos y absolutistas (de hecho finaliza este período con la Revolución Francesa), elevar el racionalismo y el optimismo además de promover el laicismo en la humanidad. Fueron grandes expositores de la época Diderot y D'alembert cuando, en el afán de reunir el conocimiento obtenido por la humanidad para ser utilizado por otros, editaron su "Enciclopedia o Diccionario razonado de las ciencias, las artes y los oficios", inspirados por Sir Francis Bacon y su "Novum Organum". Lógicamente fue combatido por el clero de la época, siendo incorporada al famoso "Índice de Libros Prohibidos" y persiguiendo y enviando a la cárcel a sus autores. Voltaire, Rousseau, Montesquieu, Hume, Smith, Kant, Leibniz, D'Holbach, Berkeley, Nicolás de Condorcet fueron otros grandes nombres en la ilustración, siguiendo los pasos de Newton, Descartes, Locke, Spinoza y otros que habían dado el puntapié inicial al uso de la razón por sobre cualquier superstición y quienes vieron como única esperanza para la humanidad que ésta comprendiera e hiciera uso de la razón.

La centuria siguiente traería consigo el desplazamiento de los bubones por sendas diarreas, cianosis, calambres y otros síntomas tanto o aún más desagradables cuando se posiciona la primera pandemia del llamado Cólera, que acorde a Pollitzer[17] encargado de la OMS, provino desde "La Ciudad de los Palacios", Kolikata o más conocida como Calcuta, en la actual India, desde donde se propagó a sus múltiples vecinos, y más allá llegando hasta China, Japón, Oriente Medio, Rusia y Tanzania. Las siguientes pandemias del Vibrio Cholerae tuvieron lugar en 1829, 1852, 1863, 1881 y 1899 para finalizar el 1923. En la quinta aparición de la pandemia, el epidemiólogo catalán Jaime Ferrán i Clua descubrió una vacuna para la misma. En él también recaen vacunas para la tuberculosis el tifus.

Chile particularmente en su episodio de cólera de fines del 1880 mostró fuertes diferencias entre clero y la ciencia, en parte por las Leyes Laicas, y se vieron a algunos eclesiásticos atribuyéndole a un castigo de Dios su aparición, así como fueron comunes remedios inútiles para los más ignorantes y crédulos como el Pililo, que consistía en comer heces de caballo para provocar vómito y así "expulsar" la enfermedad del cuerpo. De hecho, se creó el famoso el patio de los coléricos en el Cementerio

---

[17] https://apps.who.int/iris/bitstream/handle/10665/41711/WHO-MONO-43-eng.pdf

General, según cuentan Sagredo y Gazmuri en "Historia de la Vida Privada en Chile" para enterrar sin rito ni ataúdes a los infectados fallecidos. En el otro rincón de América, en México, particularmente la ciudad de Iztapalapa, una de las ciudades con mayor mortalidad tras esta pandemia vio nacer una de sus grandes tradiciones cuando, buscando una cura para esta enfermedad, causada por los problemas de higiene de la época que propiciaban la reproducción de la bacteria, hicieron una gran marcha de niños y huérfanos al santuario denominado "El Señor de la Cuevita" para implorar. Cuenta la leyenda que "El Señor de la Cuevita" "apareció milagrosamente" el 3 de mayo de 1833, poniendo fin a la epidemia, a la par que se estaban desarrollando variadas medidas sanitarias desde las autoridades de la época que con el tiempo trajeron consigo cambios importantes en la organización social, económica y urbana de las ciudades que, además, pusieron en relieve las diferencias sociales ante la muerte. A modo de anécdota, el Colegio Médico de México documentó cómo se narró el origen de la epidemia en "*la aurora boreal que en 1833 enrojeció el cielo e hizo a los ingenuos temer el castigo de Dios por las reformas de don Valentín Gómez Farías*". América Latina recuerda un brote epidémico de ésta en 1991, desde el Perú hacia el resto de la región, con más de 700.000 casos y 6.000 muertes como indica la Revista Chilena de Infectología de octubre del 2010.

El siglo pasado, la Gripe de 1918, con peak hasta el 1919, fue escenario para la pandemia de Influenza (también conocida como H1N1), proveniente esta vez no de los mamíferos sino de las aves y atacó, según diversas fuentes, a más de un tercio de la población mundial con más de 50 millones de muertes. Si bien recibió el nombre de Gripe Española, fuentes científicas sitúan en EE.UU. su origen o caso 0, en Kansas entre los soldados movilizados por la Primera Guerra Mundial. Tras esa detección, un mes después en España con 1.100 infectados y 46 muertos, inició la masificación y puso la alerta en el mundo. El récord de muertes lo entregó Philadelphia, EE.UU. con más de 700 muertos en un día. La expansión de la epidemia tuvo como causa principal el ocultamiento de la información de los primeros países que se contagiaron, debido a lo sensible que podía ser esa información en medio de una guerra de esas características. Si bien los registros existentes no permiten un número exacto en el número de fallecidos con la gripe, se estiman que fueron hasta 100 millones de personas alrededor del mundo, Latinoamérica incluida, pese a no haber estado cerca de la guerra y a la baja cantidad de viajes aéreos, comparado con la actualidad. En Chile se contabilizaron más de 40 mil muertes [Revista Chilena de Infectología, López - Beltrán[18]], con peak de más de 23.000 el 1919. De hecho, el historiador de la medicina Enrique Laval Román elaboró un estudio sobre la influenza de 1918 en el que quedó de manifiesto la inquietud que produjo una particular situación epidémica: la convergencia de la gripe y el tifus exantemático. Ante la falta de un antibiótico para tratar infecciones bacterianas secundarias derivadas de la influenza, los esfuerzos principales para su combate fueron los mismos que vemos implementados tanto en la pandemia actual como en las anteriores: aislamiento, cuarentena, buenos hábitos de higiene personal, uso de desinfectantes y limitaciones de reuniones públicas. Sin embargo, la nula coordinación con que se implementaron en el mundo jugó en contra la eficacia de estas (cualquier parecido a la situación actual no es coincidencia, es simplemente no aprender de los errores del pasado, entre otras cosas). Entre las anécdotas más macabras de esta pandemia y fiel reflejo de la nefasta amalgama de ignorancia y el dogma, se cuenta una procesión extraordinaria en la ciudad de Zamora, España, que "atacase" la gripe. El resultado de esa masiva "petición" fue que Zamora registró el peak de contagios en dicho país, pese a que las autoridades intentaron prohibir dicho encuentro masivo. Sin embargo, el obispo de la época, al parecer un laicista parcial, les acusó de interferir en los asuntos de la iglesia desde el estado. Si creemos que las teorías conspirativas pertenecen sólo a la actual, nos equivocamos. Se culparon del origen y propagación entre las distintas razas, países, etnias y, por supuesto, el castigo de los dioses de turno. Los remedios caseros o elixires milagrosos tampoco faltaron, obviamente sin resultados. Desde las sobredosis de Aspirinas hasta el amoniaco, fumar (para matar el virus a través del humo) u oraciones varias, que dicho sea de paso, si no le funcionaron ni al mismo gran pontonero de la época, Benedicto XV, fallecido por el virus, menos a los fieles de menor "rango" en la escala de esa religión.

---

[18] https://scielo.conicyt.cl/scielo.php?script=sci_arttext&pid=S0716-10182010000600005&lng=en&nrm=iso&tlng=en

Desde esa gran pandemia a la actual hubo varias epidemias de distinto alcance que nos pusieron alertas, pero al parecer no lo suficiente. En Rusia (1889) y China y Asia (1957 y 1968) la A H2N2 proveniente de una mutación del virus de las aves combinada con una cepa humana preexistente puso una primera voz de alerta respecto a los animales salvajes y su cercanía con los humanos. Si bien el VIH no se contagia como la actual pandemia del Covid-19, tuvo su aparición a principios del '80 en el Congo, la proveniencia también era de origen animal y su principal teoría apunta a los primates del África Central. A principios del 2000 (2002-03) el SARS-Cov (otro coronavirus) proveniente de los murciélagos hizo su aparición en China, aunque tuvo una corta vida y ya el 2004 no se registraron casos. A fines de esa misma década entre el 2009 y 2010 se originó la pandemia del H1N1 o llamada gripe porcina (virus de una cepa mutada de la pandemia de la Gripe Española, combinada de virus aviar-porcina-humana). Se estimó que se contagió un 20% de la población mundial. Luego el Mers en Medio Oriente (2012), Ébola (2014-16) con Guinea en los primeros casos y rápida propagación a Liberia y Sierra Leona, alcanzando tasas de mortalidad sobre el 50% y que afecta también a los primates.

Antes de llegar a la actual, no pocos estudios científicos, por supuesto no considerados por la política que sólo hoy recurre a la ciencia, alertaban del peligro de la cercanía e incluso consumo de animales salvajes en condiciones salubres irregulares e insuficientes, como las que se dan en el mercado de animales de Wuhan, lugar desde donde se ha logrado establecer como origen esta nueva mutación del Coronavirus que ha causado estragos a nivel mundial. Uno de los más difundidos es el realizado por los científicos Cheng, Lau, Woo y Yung Yuen en la Universidad de Hong Kong el año 2007 y publicado en la Clinical Microbiology Reviews con derechos para la American Society for Microbiology [Severe Acute Respiratory Syndrome Coronavirus as an Agent of Emerging and Reemerging Infection, 2007][19], el cual nos advertía severamente acerca de esta pandemia y advertía el peligro de este virus que ya a esa fecha tenía más de 4.000 publicaciones e

[19] https://www.researchgate.net/publication/5911373_Severe_Acute_Respiratory_Syndrome_Coronavirus_as_an_Agent_of_Emerging_and_Reemerging_Infection

indicaba la alta "capacidad" de esos mamíferos "comestibles" para portar distintas cepas de SARS-CoV-like viruses y la alta capacidad de estos ser desplazados a los humanos. ¿Qué tanto más tiene que hacer la ciencia en su afán de ayudarnos para que, de una vez, los grupos políticos no solo las escuchen sino que además les financien en mucho mayor medida?

Una vez explotado el virus y la alta capacidad de movilidad humana que entrega hoy la sociedad globalizada, fue un caldo de cultivo literal para la rápida explosión de este virus. Y aún con toda la historia que resguardan los libros y publicaciones al respecto, en pleno siglo XXI del conocimiento y la información, existen, no pocas, personas y hasta presidentes de países que continúan relacionando religiones y otros mitos no sólo con la aparición del virus sino además con curas para él. Así fue como escuchamos a López Obrador, actual presidente de México que hizo eco de las palabras de un párroco de la región de Talavera[20], España, y sindicó a un amuleto como remedio para el Covid, sin tomar de antemano las medidas que su población necesitaba. El resto de la historia se cuenta sola. En Brasil, Bolsonaro accedió a una petición de la iglesia evangélica que lo puso en su actual sitial de poder y convocó a un ayuno nacional y día de oración para "*liberar a Brasil del mal*" de la epidemia del Coronavirus. De confinamientos seguros, testeos masivos y potenciación de la salud pública, nada. En Senegal, con mayoría musulmana, el gobierno decretó el cierre de mezquitas para evitar el contagio y sus fieles salieron todos a protestar, sin ningún medio de protección, pues "*La oración es nuestra principal arma y haremos mejor usándola sin moderación*", indicó Serigne Mountakha, quien además añadió: "*Es Alá quien elige quien se enfermará y quién se salvará de esta pandemia*". En Tanzania su actual presidente, John Magufuli, además de no prohibir las reuniones de cultos, señaló: "*El Coronavirus no puede sobrevivir en el cuerpo de Cristo, ardería. Exactamente por eso, no entré en pánico mientras tomaba la sagrada comunión*" e indicó que el Covid19 era algo "*satánico*" en alusión al enemigo del dios de su religión, acorde a sus libros. Tanzania dejó de publicar datos del Covid y sólo realizó 659 tests y EE.UU. informó a su personal en ese

---

20 https://www.religionenlibertad.com/cultura/829536462/Detente-coronavirus-el-arma-del-Sagrado-Corazon-que-ya-vencio-epidemias-y-da-gracias-al-portador.html

país del colapso de los hospitales y llamó a cuarentena voluntaria ante la inacción de ese presidente. También se le asigna calidad de venganza. En Zimbabue, Oppah Muchinguri, actual ministra de defensa definió a la pandemia como venganza de su deidad contra la Unión Europea y los EE.UU. por imponerles sanciones económicas ante abusos a los DD.HH. propiciados por ese país. Casos como éstos tanto de grandes mandatarios como ciudadanos de pie y por supuesto adherentes a los diversos cultos locales alrededor del mundo hay en grandes cantidades y suman y siguen. Sin ir más lejos, en nuestro propio país, Chile, el Seremi de salud del Bío Bío, Héctor Muñoz fundador del actual Partido Conservador Cristiano de corte evangélico y actual militante RN, levantó la prohibición para realizar actividades religiosas en plena alza de la pandemia, aunque ésta fue revocada por la corte tras la denuncia de un concejal de la zona al respecto por vulnerar la integridad de las personas.

El día de hoy los antibióticos y las vacunas son los principales agentes de combate contra los virus y enfermedades contagiosas, así como las medidas de higiene y las de confinamiento en casos de pandemia como el actual. El dogma, la creencia y la superstición o pseudociencia, en tiempos de crisis, no colaboran en su prevención, contención ni menos en su curación. Nicolás de Caritat, Marqués de Condorcet resume el pensamiento de Voltaire: "*El error y la ignorancia son la única causa de los males del género humano, y los errores de la superstición son los más funestos, porque corrompen todas las fuentes de la razón, y el fanatismo que los alienta empuja a cometer el delito sin remordimiento*" y resume, en parte, la condición actual de esta pandemia. El mismo Voltaire, en su Diccionario Filosófico, bajo el concepto "China", señala: "*la religión de los letrados es admirable. Nada de supersticiones, nada de leyendas absurdas, nada tampoco de esos dogmas que injurian a la razón y a la naturaleza y a los cuales los bonzos atribuyen mil sentidos diferentes porque no tienen ninguno*". ¿Qué tal si le hacemos caso, aunque sea 300 años después, y dejamos de anteponer el mito a la razón y la ciencia?

Epílogo General

Como pueden ver, mis queridos amigos librepensadores, el laicismo y los principios básicos de un Estado Laico, y junto a ello, todos sus habitantes son pasados a llevar una y otra vez. A veces con actos pequeños como el poner figuritas de yeso de alguna vertiente particular de una de las religiones de turno en un edificio de la Administración Pública. Otras veces en actos más grandes como políticas públicas completas, como la educación o las leyes. No sólo en Chile, país de origen de quien escribe, sino en casi todas las naciones del mundo. En esta ocasión mostramos algunos hechos en Argentina, Brasil, Costa Rica, entre otras y mencionamos algunas de Europa y África, sin embargo, es posible recabar actos así o peores incluso en todas las naciones actuales del globo.

Pseudociencias, charlatanerías, patrañas, fake news, engaños, timos y otras acciones similares tienen como punto común para quien cae en ellas una decisión personal. Sabemos que la libertad por la que abogamos no nos impide cercar sus alcances, sin embargo, es raíz común también la desinformación y la ignorancia y ahí sí podemos actuar. Y la invitación amigo librepensador, tras leer este libro es justamente esa. Promover la ciencia, la lectura, el informarse adecuadamente, buscar la verdad tras la avalancha de estas malas hierbas que circulan y lo harán durante el futuro en redes sociales, en la red de redes, en el boca a boca y por muchos otros canales, a veces incluso en televisión, propagados por un ignorante que no quiere caer sólo en ellos. Ahí es donde tenemos que actuar con fuerza e inteligencia. Con cartas en los diarios, como la primera estación con que partió este recorrido, con artículos, columnas, libros, blogs, charlas públicas o privadas e incluso en conversaciones triviales donde aparezcan. Podemos avanzar y poner de nuestra parte también, por insignificante que sea nuestro círculo de influencia, siempre habrá un grano de arena y de seguro llenaremos playas completas uniendo nuestro esfuerzo. ¡No escatimen en ello!

Las distintas iglesias, principalmente los 3 cultos monoteístas y absolutistas han trabajado desde hace mucho tiempo y con toda la "maquinaria" que les sustenta su espacio de poder ganando mucho terreno coartando nuestra libertad, cercando nuestro pensamiento. No podemos seguir dando espacio para que ello se perpetúe y tenemos que levantar la voz del libre pensamiento, del uso consciente y exhaustivo de la razón, utilizar nuestra inteligencia con la que estamos dotados y sumar siempre a uno más. Siempre sin violencia y con el peso del argumento concienzudo y fecundo. Seamos ese faro en la oscuridad del dogma que encadena los pensamientos y amarra la duda.

El tren llegó a su última estación por ahora.
Pasajeros del Tren del Laicismo, ¡favor descender!
Hemos llegado al destino con la luz de la aurora.
Hasta pronto y ¡mucho éxito! les desea su chofer.

Printed in the United States
By Bookmasters